Victor Arowolo

Como utilizar o Business Intelligence para impulsionar a eficácia organizacional

Victor Arowolo

Como utilizar o Business Intelligence para impulsionar a eficácia organizacional

ScienciaScripts

Imprint
Any brand names and product names mentioned in this book are subject to trademark, brand or patent protection and are trademarks or registered trademarks of their respective holders. The use of brand names, product names, common names, trade names, product descriptions etc. even without a particular marking in this work is in no way to be construed to mean that such names may be regarded as unrestricted in respect of trademark and brand protection legislation and could thus be used by anyone.

Cover image: www.ingimage.com

This book is a translation from the original published under ISBN 978-620-7-80574-7.

Publisher:
Sciencia Scripts
is a trademark of
Dodo Books Indian Ocean Ltd. and OmniScriptum S.R.L publishing group

120 High Road, East Finchley, London, N2 9ED, United Kingdom
Str. Armeneasca 28/1, office 1, Chisinau MD-2012, Republic of Moldova, Europe
Printed at: see last page
ISBN: 978-620-7-77915-4

Como utilizar o Business Intelligence para impulsionar a eficácia organizacional

Resumo

O sector das telecomunicações na Nigéria registou um rápido crescimento e transformação na última década, marcado por uma intensa concorrência e pela evolução das exigências dos consumidores. Neste cenário dinâmico, a utilização eficaz de dados e informações para a tomada de decisões estratégicas tornou-se um imperativo crítico.

O principal objetivo desta investigação é explorar a forma como as ferramentas de Business Intelligence são adoptadas, integradas e aproveitadas pelas empresas de telecomunicações na Nigéria para informar e melhorar os processos de tomada de decisões a vários níveis organizacionais.

O estudo também investiga as áreas em que as ferramentas de BI tiveram um impacto mais significativo, incluindo a estratégia de aquisição e retenção de clientes, a otimização da rede, a gestão de receitas e a formulação de estratégias de mercado.

A análise temática e a discussão dos resultados recolhidos na investigação qualitativa foram apresentadas e as conclusões foram tiradas. Isto permitiu ao autor examinar a forma como os gestores utilizam o Business Intelligence para tomar e implementar decisões na gestão quotidiana da organização. A investigação destaca os benefícios das ferramentas de Business Intelligence (BI), que incluem a melhoria do desempenho, a satisfação do cliente, a tomada de decisões mais rápida e a simplificação dos processos de elaboração de relatórios. No entanto, também reconhece desafios como uma cultura de dados pobre, apoio de gestão insuficiente, limitações de infra-estruturas e restrições orçamentais que impedem a adoção de BI. Para resolver estes problemas, o estudo recomenda que a liderança organizacional reconheça o BI como uma ferramenta crítica para a tomada de decisões, atribua orçamentos adequados para investimentos em BI, enfatize a importância da documentação do processo e envolva ativamente a gestão de topo para promover uma cultura orientada para os dados na organização.

Em última análise, esta dissertação contribui para o debate mais alargado sobre a utilização de ferramentas de BI nas economias emergentes e as vantagens estratégicas que estas oferecem em indústrias dinâmicas e com grande volume de dados.

Agradecimentos

Família

À minha adorável esposa e filhos. Obrigado pelo vosso apoio durante todo o meu estudo. Sem vós, não teria conseguido alcançar este objetivo.

Amigos e colegas de turma

Obrigado pela vossa contribuição para fazer deste mestrado uma experiência agradável, especialmente pelo vosso encorajamento e ajuda na resolução de trabalhos e tarefas difíceis. Quero também agradecer ao Dr. Wisdom Dogbe pelos seus conselhos inestimáveis e pela sua contribuição para esta investigação.

Para o Diretor do Curso - Jack Keenan e para a minha Supervisora - Emma Park

Estou grato pela vossa compreensão e apoio ao longo do meu estudo. Não poderia ter pedido um melhor orientador e supervisor de curso, pois contribuíram tremendamente para que esta viagem fosse fácil.
À Emma - obrigado pelas constantes chamadas de atenção, pelo encorajamento e pelo interesse que demonstrou por mim para me permitir concluir a minha dissertação. Obrigada por estares sempre disponível.

Informadores-chave - Usman Ojuroye, Peter Adeoye, Akeem Andu

Obrigado por ter sacrificado o seu tempo e por se ter disponibilizado para fazer parte do meu trabalho de investigação. Agradeço o seu valioso contributo para o meu estudo, que não teria acontecido sem si.

Para a minha escola - Robert Gordon University

Obrigado por proporcionarem um ensino de alta qualidade e instalações de classe mundial que nos preparam para as grandes oportunidades de carreira que se avizinham.

Índice

Capítulo 1: Introdução

1.1 Antecedentes

De acordo com Pirttimaki (2007), na economia baseada em dados, uma compreensão rápida e holística do negócio é mais crucial do que nunca, devido às novas regras da concorrência, à maior incerteza e à velocidade da mudança.

Um dos segmentos de crescimento mais rápido do sector das TIC é o das telecomunicações móveis e, no mercado africano, a Nigéria tem assistido a um crescimento fenomenal desde a liberalização total do sector das telecomunicações (Гebopah, 2015). A literatura sustenta que a adoção de anállses avançadas de grandes dados (popularmente conhecidas como Business Intelligence, BI) pelos operadores móveis na Nigéria terá um impacto positivo nas receitas e refletir-se-á no rendimento nacional.

De facto, o BI desempenha um papel cada vez mais crítico em vários tipos de empresas porque, sendo a Informação o ativo mais valioso de uma empresa, é um recurso fundamental para o seu desenvolvimento (Tavera Romero et al., 2021).

Os sistemas de Business Intelligence (BI) tornaram-se uma ferramenta crucial para as organizações que procuram obter informações valiosas a partir das suas vastas quantidades de dados (Negro & Mesla, 2020). O BI permite que as empresas transformem dados brutos em informações accionáveis, capacitando a gestão para tomar decisões bem informadas e estratégicas (Yullanl et al., 2017). Recentemente, o panorama empresarial sofreu uma grande mudança para operações baseadas em dados, o que resultou numa maior adoção do BI.

Esta investigação tem como objetivo investigar o impacto da inteligência empresarial na tomada de decisões de gestão em empresas de telecomunicações na Nigéria.

O primeiro capítulo aborda os antecedentes e a pertinência do estudo, o objetivo da investigação, os objectivos e as questões e apresenta um esboço da estrutura da investigação.

1.2 Motivação e justificação

No atual ambiente empresarial acelerado e competitivo, a capacidade de tomar decisões atempadas e baseadas em dados é vital. Com a proliferação das tecnologias digitais e o surgimento do big data, as organizações acumulam grandes volumes de informação. No entanto, sem uma abordagem sistemática para analisar e interpretar esses dados, eles permanecem subutilizados e deixam de fornecer qualquer valor real.

O Business Intelligence oferece uma solução para este desafio, fornecendo uma estrutura detalhada para recolher, processar e apresentar dados de uma forma fácil de utilizar. Utilizando ferramentas de BI, a gestão pode aceder a dados em tempo real, relatórios personalizados e visualizações interactivas, permitindo-lhes identificar padrões, tendências e oportunidades escondidas nos dados. A capacidade de tomar decisões informadas leva a uma maior eficiência operacional, a uma maior competitividade e, em última análise, a um melhor desempenho financeiro da organização.

No entanto, existem desvantagens na utilização da Business Intelligence, tais como a necessidade de pessoal qualificado, questões de qualidade dos dados e o risco de violações da privacidade e da segurança dos dados, infra-estruturas inadequadas e falta de apoio à gestão.

Dada a importância do Business Intelligence no panorama empresarial moderno e os seus potenciais benefícios para as empresas, é essencial aprofundar o processo de adoção do Into BI e o seu impacto no desempenho organizacional.

Este estudo tem como objetivo compreender a forma como os gestores de empresas utilizam as ferramentas de Business Intelligence para influenciar as suas decisões e o desempenho organizacional. Centra-se na identificação dos principais factores que determinam a eficácia da solução de business intelligence no aumento do desempenho organizacional. Ao fazê-lo, este estudo contribuirá para uma maior compreensão do papel do business intelligence na condução do sucesso organizacional e fornecerá recomendações práticas para as empresas que procuram melhorar a sua utilização do sistema de business intelligence.

1.3 Objectivos do estudo

1.3.1 PrincipalObjectivo

O principal objetivo desta investigação é explorar a forma como a implementação de sistemas de Business Intelligence influencia os processos de tomada de decisão na indústria das telecomunicações na Nigéria. Este estudo analisará a situação atual, os benefícios e os desafios associados à adoção de BI, com enfoque no sector nigeriano das telecomunicações.

1.3.2 Objectivos específicos

1. Avaliar o estado atual da adoção do BI no sector das telecomunicações nigeriano.
2. Avaliar o impacto da BI na tomada de decisões de gestão
3. Identificar os desafios da implementação de sistemas de BI
4. Oferecer orientações práticas para melhorar a adoção e a implementação de sistemas de BI.

1.4 Organização da tese

A tese está organizada em cinco capítulos. O primeiro capítulo introduz os antecedentes do estudo; descreve a relevância e a motivação e define os objectivos do estudo. O segundo capítulo apresenta as estatísticas descritivas relevantes para o estudo. A metodologia para atingir os objectivos declarados é apresentada no Capítulo três. Os resultados empíricos do estudo são apresentados e discutidos no quarto capítulo. Finalmente, o quinto capítulo apresenta as conclusões e recomendações para a política.

Capítulo 2: Revisão da literatura

2.1 Introdução

Este capítulo analisou alguma literatura sobre o impacto da inteligência empresarial no desempenho organizacional. A importância desta revisão da literatura é avaliar o trabalho de investigadores anteriores de modo a descobrir áreas de convergência e divergência e estabelecer uma lacuna legítima de investigação que este estudo atual irá preencher. Este trabalho de investigação irá avaliar a forma como o BI ajuda as organizações a adquirir novas formas e métodos de produção que são eficazes, eficientes e capazes de se adaptarem às mudanças dinâmicas nos negócios.

Sepahvand et al., (2016) opinaram que os objectivos do BI nas organizações empresariais abrangem todos os aspectos do negócio, desde os clientes aos concorrentes, ao ambiente e aos processos económicos, que dependem todos das decisões empresariais.

Embora a revisão da literatura tenha sido um processo contínuo, a maior parte foi concluída antes da entrevista com o informador-chave. Desta forma, o estudo evitou a reinvenção da roda, certificando-se de que não existia já uma investigação exaustiva sobre o tema.

Assim, esta literatura permitiu avaliar a pertinência do estudo e orientou o enquadramento inicial do estudo de investigação. Além disso, foi utilizada uma abordagem dedutiva durante o desenvolvimento dos guiões de entrevista e o processo de recolha de dados. Só após a análise dos resultados empíricos é que a literatura foi novamente utilizada de forma explícita para identificar o contributo, comparando e contrastando os resultados dos dados empíricos com a literatura.

2.2 Conceito de Business Intelligence

Uma análise do conceito de business intelligence e da sua evolução desde as suas fases iniciais até à sua utilização atual apresenta uma panorâmica da literatura em duas vertentes diferentes.

Segundo os académicos, não existe uma definição única e universalmente aceite de business intelligence. No entanto, a literatura categoriza a inteligência empresarial em definições distintas:

- Business Intelligence É um conjunto de tecnologias para o processamento de dados em informações mais relevantes que servem de base para a tomada de decisões empresariais (Shollo & Kautz, 2010) enquanto,

- De acordo com (den Hamer et al., 2005), o BI é um processo contínuo e repetitivo que envolve a recolha, o processamento e a aplicação de dados. Os dados são recolhidos, analisados e depois transformados em informação, que depois inspira a ação. As actividades têm um impacto na organização e no seu ambiente de negócios, ao mesmo tempo que geram novos dados que iniciam um novo ciclo, conforme ilustrado na Figura 1

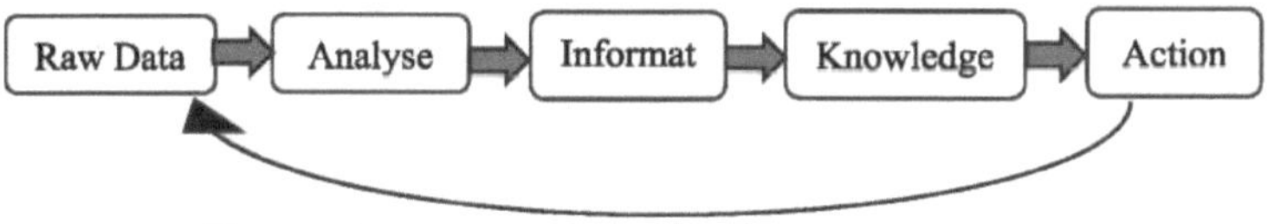

Figura 1 O BI como um processo contínuo Fonte: Autor

A literatura existente postula uma conversa contínua de que o sistema de Business Intelligence tem um impacto positivo no desempenho organizacional, que tem recebido consideração significativa de académicos e profissionais (Owusu, 2017). O autor defende que as empresas tiram regularmente partido do BI dos seus concorrentes para melhorar a sua produtividade empresarial de forma eficiente.

Definição de Business Intelligence.

Norman Manley (2014) definiu Business Intelligence (BI) como um processo contínuo em que as organizações recolhem, integram e analisam dados de forma estruturada, com o objetivo de aplicar a informação e o conhecimento resultantes aos processos de tomada de decisão, com a intenção de melhorar o desempenho da organização, conforme indicado na Figura 2

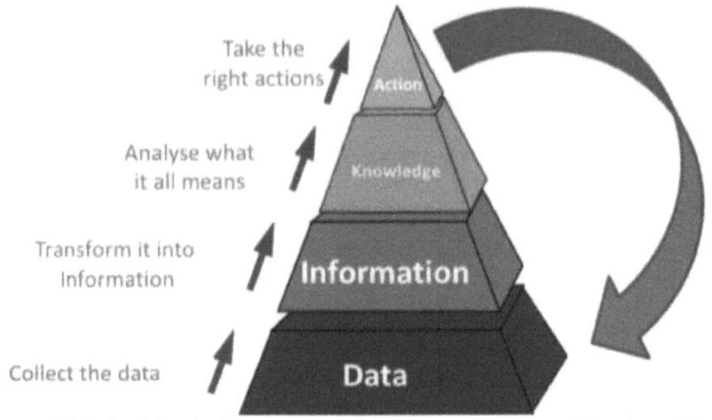

Figura 2 Pirâmide de Business Intelligence (Norman Manley, 2014)

Negash (2004) afirmou que a inteligência empresarial transmite informações multifacetadas e competitivas aos planeadores e decisores, combinando dados operacionais com ferramentas analíticas. O objetivo é tornar os contributos para a tomada de decisões mais oportunos e de maior qualidade.

A ferramenta de Business Intelligence melhora a compreensão das capacidades da organização, o estado da arte, as tendências e as direcções futuras nos mercados, a tecnologia e o ambiente regulamentar em que a empresa opera, bem como o panorama competitivo e as suas consequências para os concorrentes (Rostaml, 2014).

Os dados em tempo real são cruciais para a eficácia de qualquer negócio. Por conseguinte, os sistemas de BI de uma organização tentam identificar todas as lacunas no fornecimento de informações e indicadores empresariais, que são cruciais para a vida da organização, através da análise dos dados disponíveis em tempo real (Dakic & Markovski, 2017).

Ramakrishnan et al. (2012) concluíram que a BI permite às empresas armazenar, aceder e analisar grandes quantidades de dados, o que acaba por criar uma circunstância em que os dados podem ser transformados em valor efetivo para a empresa. O valor pode ser encontrado de várias formas, incluindo a descoberta de possibilidades, o aumento da rendibilidade, a satisfação das exigências dos consumidores ou apenas a produtividade dos trabalhadores.

Yoon et al. (2014) forneceram uma perspetiva de adoção de sistemas de BI ao nível individual, onde destacaram vários factores determinantes divididos em quatro categorias, a saber, tecnologia, motivação, influência social e constrangimentos situacionais.

Três factores críticos que afectam o nível de implementação de um sistema de BI numa organização são: organizacional, tecnológico e social. Estes factores definem a prontidão da organização para adotar o BI nas suas operações (Hasan, Miskon, et al., 2016). A maioria das organizações confia no método tradicional de tomada de decisões e as mudanças são muitas vezes resistidas devido ao desconhecimento da eficiência das decisões baseadas no BI, o que contribuiu largamente para o ritmo lento da adoção e expansão do BI entre as empresas nigerianas.

2.3 **Arquitetura de Business Intelligence**

O protótipo da arquitetura de um sistema de BI é ilustrado na figura 3, que consiste em três partes principais:

- As fontes de dados
- Os armazéns e depósitos de dados e
- Metodologias de BI

A subsecção seguinte apresenta uma descrição pormenorizada das principais partes da arquitetura do sistema de BI.

O extrato de dados serve de entrada para modelos matemáticos e métodos analíticos. Várias aplicações podem ser implementadas como apoio ao processo de tomada de decisão no âmbito do sistema de BI: análise exploratória de dados, modelos de aprendizagem indutiva para extração de dados, modelos de otimização.

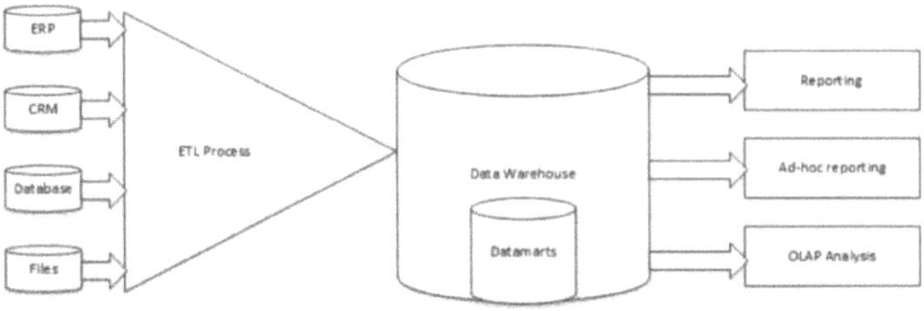

Figura 3 Componentes da arquitetura do sistema de BI (Fonte: Kopcekovà et al., 2013)

Para que os sistemas de BI funcionem eficazmente, é necessário que estes componentes funcionem em conjunto e que as estruturas estejam criadas para que todo o processo esteja operacional. As fontes de dados são integradas como entrada num repositório de dados conhecido como data warehouse ou data marts para consolidar os dados da empresa num único conjunto de dados para análise.

2.4 Componente de Business Intelligence

Atualmente, o volume de informação disponível para as empresas é maior do que no passado. Através do feedback dos consumidores, inquéritos, transacções e estatísticas sociais, as organizações produzem e armazenam grandes volumes de dados. Ao utilizar estes dados, o BI permite às empresas aumentar a rentabilidade, melhorar o desempenho e acrescentar valor (Bister, 2015).

(Vercellis, 2009), nas suas conclusões, identificou seis (6) componentes no sistema de BI: Fontes de Dados, Armazéns de Dados, Data Marts, Exploração de Dados, Extração de Dados, Otimização e Decisões, conforme ilustrado na Figura 4.

2.4.1 Fontes de dados

Este é o primeiro passo da pirâmide, indicado na Figura 4 abaixo. Serve para recolher e integrar todos os dados disponíveis, tanto de fontes primárias como secundárias, que podem diferir em tipo, formato e origem.

Todos os dados brutos mantidos em várias aplicações (como a nuvem, folhas de cálculo, e-mails, etc.) são recolhidos e posteriormente transferidos para outros sistemas integrados. O requisito para estas fontes de dados é que os pontos de dados sigam as mesmas características e desenvolvam relações entre si.

2.4.2 Data warehouse/ data mart

Este é o segundo degrau da pirâmide. É um repositório de múltiplas fontes de dados heterogéneas, organizadas sob um esquema unificado num único local, a fim de facilitar a tomada de decisões de gestão (Reddy et al., 2010). Inmon & Krishnan (2011) concluíram que a recente mudança para data warehouse foi uma decisão positiva e com visão de futuro, pois permitiu que as organizações utilizassem a informação para resolver muitos problemas organizacionais importantes.

A tecnologia inclui a limpeza de dados, a integração de dados e o processamento analítico em linha (Reddy et al., 2010).

2.4.3 **Exploração de dados**

É o terceiro passo da pirâmide da componente de BI e consiste no método e nas ferramentas utilizadas para efetuar uma análise aprofundada de business intelligence, que consiste na consulta e na elaboração de relatórios. Este processo implica que o decisor utilize um método estatístico para dar respostas ao problema comercial identificado e validar o pressuposto inicial.

2.4.4 **Extração de dados**

O data mining procura alargar a base de conhecimentos do decisor. Representa a quarta camada da pirâmide e fornece ferramentas de análise ativa de BI, cuja função é extrair informação e conhecimento dos dados. Estas ferramentas consistem em aprendizagem automática, extração de dados e modelos matemáticos para reconhecimento de padrões. Ao contrário da exploração de dados, a técnica de data mining não necessita da definição prévia de hipóteses a serem verificadas, no entanto, servem para ampliar o conhecimento dos decisores.

2.4.5 **Otimização**

Subindo um nível na pirâmide, temos a Otimização. Esta fornece um modelo que facilita a seleção da melhor solução ou da solução óptima a partir de um grande número, muitas vezes infinito, de alternativas.

2.4.6 **Decisões**

As decisões, que se encontram no topo da pirâmide da Figura 4, correspondem à seleção e aplicação de uma escolha que conduz o processo a um fim natural. Mesmo com a disponibilidade de técnicas de business intelligence, o processo de decisão depende, em última análise, do decisor, que pode ser influenciado por outros dados informais/não estruturados à sua disposição.

Figura 4 Seis (6) componentes principais do sistema de BI (Vercellis, 2009)

O modelo de BI considera a inteligência empresarial como um sistema que oferece uma quantidade crescente de apoio ao processo de decisão organizacional. A base da pirâmide atrai as competências dos especialistas em sistemas de informação, que podem ser identificados como administradores de bases de dados. O nível médio ou intermédio é constituído por analistas e peritos que utilizam modelos matemáticos e estatísticos para processar esses dados. Os decisores operam no topo da pirâmide, aplicando a informação à estratégia empresarial. Este modelo mostra como o sistema de BI responde às necessidades de negócio de diferentes tipos de organizações complexas, incluindo administrações públicas e associações.

2.4.7 **Processamento analítico em linha (OLAP)**

Os sistemas de processamento analítico em linha (OI-AP) são utilizados pelas organizações para obter informações estratégicas para futuras escolhas comerciais e para acompanhar o desempenho da sua empresa (Bog et al., 2012). O sistema OLAP é orientado para o mercado e os especialistas do conhecimento, como gestores, executivos e analistas, utilizam o modelo para a análise de dados. O processamento analítico em linha (OLAP) e o armazenamento de dados são aspectos importantes do apoio à decisão, que se tornaram cada vez mais um foco da indústria de bases de dados (Reddy et al., 2010).

Os sistemas de processamento de transacções em linha (OLTP) são a espinha dorsal do funcionamento diário das empresas actuais. Fornecem as aplicações que registam todos os movimentos comerciais, tais como ordens de compra e venda, produção, faturação e pagamentos (Bog et al., 2012). O sistema OLTP está centrado no cliente e é utilizado para o processamento de transacções e consultas por funcionários, caixas, clientes e peritos em TI (Reddy et al., 2010).

Quadro 1 OLTP vs OLAP

ONLINE TRANSACTION PROCESSING	ONLINE ANALYTICAL PROCESSING
Process recent operations data	Process historical data
Smaller size, ranging from 100Mb to 10Gb	Smaller size, ranging from 1tb to 10Pb
Performs day-to-day operations	Decision making from large data source
Uses simple queries	Uses complex queries
Swift processing speed	Slower processing speed
Permits read/write operations	Permits read only

(Source: TECHTARGET 2019)

O OLAP é uma parte essencial do conjunto de ferramentas de BI na maioria das organizações, uma vez que foi concebido para um ambiente multi-utilizador e os custos estão associados ao número de utilizadores, o que permite às empresas otimizar o seu orçamento. Normalmente não requer uma grande base de dados como um armazém de dados, principalmente porque nem todos os dados transaccionais serão relevantes para a análise de tendências e permite a importação de uma base de dados relacional existente. (Schoenfeld, 2011)

2.5 **Benefícios da Business Intelligence**

As empresas que utilizam o BI podem beneficiar de uma série de vantagens, incluindo a capacidade de responder rapidamente às mudanças nas condições de mercado, nas preferências dos clientes e nas operações de marketing, a eliminação de uma quantidade significativa de conjecturas organizacionais, uma melhor comunicação interdepartamental e uma melhor coordenação das actividades.

A eficiência de uma organização pode ser medida com base na sua utilização do BI, o que pode ajudar a aumentar a sua rentabilidade e competitividade através da conceção de uma estratégia ambiciosa e da tomada de decisões estratégicas (Bach et al., 2016).

Os benefícios da utilização de sistemas de informação de apoio à decisão são a tradução de evidências em conhecimento utilizável para tirar conclusões significativas, a compreensão de factores-chave dentro de uma organização (por exemplo, clientes, fornecedores ou recursos) e a utilização de um código de compreensão partilhado entre várias divisões, o desenvolvimento do rendimento do negócio e a produção de uma vantagem competitiva (Qushem et al., 2017)

(Aziz & Sarsam, 2013) sugeriram que o sistema de BI acelera o processo de tomada de decisões, uma vez que um desempenho eficaz e exato com base em informações antes das empresas rivais pode frequentemente resultar numa vantagem competitiva. Além disso, pode aumentar a satisfação do cliente, permitindo respostas rápidas e adequadas às suas preocupações e prioridades.

De seguida, apresentam-se algumas das utilizações do sistema de Business Intelligence pelas organizações.

1) Os membros do pessoal podem agora aplicar rapidamente os seus conhecimentos empresariais para resolver uma variedade de problemas empresariais, tais como o aumento das taxas de resposta para campanhas de marketing enviadas por correio direto, telefone, correio eletrónico e Internet.

2) As empresas podem identificar os seus consumidores mais rentáveis e os factores subjacentes que contribuem para a sua lealdade, bem como possíveis novos clientes com um potencial pelo menos igual ao dos seus clientes actuais.

3) Examinar as informações sobre o fluxo de cliques para melhorar as estratégias de comércio eletrónico.

4) Identificar rapidamente os problemas comunicados em garantia para reduzir os efeitos de uma má conceção do produto.

5) Analisar o potencial de crescimento da rentabilidade dos clientes e reduzir a exposição ao risco através de uma classificação mais exacta do crédito financeiro dos seus clientes.

6) Determinar quais as combinações de produtos e linhas de serviço que os clientes são susceptíveis de comprar e quando.

7) Utilizando dados de atrito e de rotatividade, determinar as razões pelas quais

os clientes abandonam a concorrência e/ou se tornam clientes.

De acordo com M. T. Khan (2013), a fidelidade do cliente é considerada um dos factores mais críticos para determinar o sucesso de uma empresa. Os clientes são essenciais para a existência de uma empresa. Assim, é crucial que as empresas saibam o que os clientes desejam e respondam prontamente às suas necessidades em constante mudança com a ajuda de BI. As organizações devem aprender sobre as tendências do mercado e desenvolver novos produtos ou serviços antes das necessidades em constante mudança dos clientes.

2.4 Tecnologia de Business Intelligence

A tecnologia desempenha um papel crucial na inteligência empresarial (Blumberg & Atre, 2003). (Petrini & Pozzebon, 2009) concluíram que a tecnologia de BI incorpora uma vasta gama de recursos, incluindo ferramentas, pacotes, plataformas, sistemas e aplicações. O poder da tecnologia aumentou muito o conhecimento e a literatura em geral. É necessário que haja uma mudança na forma de abordar o problema da integração das ferramentas de BI com outros sistemas de informação (Yermish et al., 2010),

(Isik et al., 2012) examinou a relação entre a tecnologia de business intelligence e a criação de valor empresarial. O estudo concluiu que a tecnologia de business intelligence tem um efeito favorável sobre o valor da organização, aconselhando que a empresa desenvolva capacidades tecnológicas que possam fornecer informações precisas, consistentes e oportunas aos utilizadores, a fim de melhorar a agilidade do negócio.

De acordo com as conclusões de (Fink et al., 2017), a tecnologia de BI tem um impacto substancial na produção de valor da empresa. O estudo também analisou a forma como a equipa e a infraestrutura de BI afectam os valores estratégicos e operacionais da empresa.

(Herschel & Yermish, 2009) afirmaram que as tecnologias de gestão do conhecimento são frequentemente descritas em termos da sua capacidade para ajudar no desenvolvimento e organização de conteúdos textuais e dados, a fim de melhorar a investigação e adquirir significado e relevância para ajudar com perguntas, fornecer respostas, criar novas oportunidades e resolver problemas existentes.

A tecnologia de armazém de dados, OLAP, extração de dados, sistemas de gestão do conhecimento e outros sistemas de informação já existentes numa organização estão todos combinados na inteligência empresarial (Negash, 2004).

Normalmente, cada fornecedor tem a sua própria definição de Business Intelligence e tende a publicitar as tecnologias de acordo com essa definição. No entanto, há factores críticos que devem ser considerados na adoção da tecnologia de Business Intelligence, tais como

1) Segurança e acesso específico dos utilizadores ao armazém
2) Volume de dados (capacidade)
3) Durante quanto tempo os dados serão armazenados (retenção de dados)
4) Objectivos de referência e de desempenho

2.5 Inteligência comercialTambém é

O software ou outras tecnologias que apoiam a tomada de decisões nas organizações são designados por ferramentas de business intelligence (El Deen & Solayman, 2015). A capacidade de um utilizador implementar com sucesso a técnica de BI, juntamente com a utilização adequada das ferramentas de business intelligence, é absolutamente essencial para o desenvolvimento de um processo de BI preciso (Olszak, 2022).

De acordo com Maaitah (2023), as ferramentas de BI são tecnologias que facilitam operações empresariais eficientes através do fornecimento de maior valor à informação para uma utilização efectiva. O relatório sustenta que as ferramentas de BI têm sido amplamente aceites como o novo intermediário entre os sistemas transaccionais e as aplicações de apoio à decisão, separando assim os sistemas utilizados para facilitar as transacções comerciais daqueles que se centram no apoio à eficiência do apoio à decisão comercial.

(Ratia et al., 2017) explicou que a BI cria valor ao ligar vários tipos de dados de diferentes fontes, permitindo assim ao sistema recolher, avaliar, analisar, manter e comunicar dados actualizados que podem ser utilizados para uma tomada de decisão eficiente. Para tal, são necessárias ferramentas de BI eficazes, bem como as capacidades internas e externas para as utilizar.

Sherman R. (2015) classificou as ferramentas de BI em três categorias, de acordo com a profundidade da análise que efectuam.

a) **Ferramentas orientadas de análise e elaboração de relatórios**

Trata-se de ferramentas que têm sido utilizadas ao longo do tempo para realizar várias análises sobre os mesmos conjuntos de dados; eram utilizadas principalmente para produzir relatórios estáticos, mas os utilizadores podem agora comparar dados ao longo do tempo, visualizar e analisar dados utilizando uma variedade de outras ferramentas, acrescentando um pouco de dinamismo aos relatórios produzidos por estes conjuntos de ferramentas.

b) **BI e análise self-service**

Trata-se de ferramentas para efetuar análises de dados no local, de natureza matemática ou estatística, quando a gestão de topo necessita de relatórios de natureza tipicamente pontual e em que a tarefa em causa excede quase sempre o tempo previsto para a sua conclusão. Exemplos de ferramentas de BI nesta categoria são o SAS analytics e o Tableau, que serão discutidos mais adiante neste estudo, porque permitem aos utilizadores adicionar novos dados para além dos que já estão disponíveis ou dos que a empresa tem utilizado historicamente.

c) **Análise avançada**

Trata-se de conjuntos de ferramentas utilizadas pelos cientistas de dados para realizar tarefas mais preditivas e prescritivas do que as executadas pelos analistas de dados ou repórteres de dados. São diferentes da natureza descritiva das ferramentas utilizadas nas duas categorias acima mencionadas, na medida em que utilizam os dados disponíveis para prescrever um curso de ação ou uma escolha recomendada para a organização ou prever possíveis resultados.

As ferramentas de BI são vistas como um tipo de tecnologia que melhora a eficácia das operações comerciais, aumentando o valor da informação empresarial e, por extensão, a forma como essa informação é utilizada (R. A. Khan & Quadri, 2012).

É importante reiterar que não basta colocar uma ferramenta de BI em funcionamento ou tê-la pronta a ser utilizada, uma relação de trabalho entre os utilizadores empresariais e o pessoal de TI de uma organização é inestimável e, algures no meio, deve haver dados abrangentes e correctos para obter os benefícios que estas ferramentas prometem para as organizações.

O sector da inteligência empresarial dispõe de uma variedade de ferramentas com várias licenças, que podem ser divididas em duas categorias principais: plataformas comerciais e de código aberto.

Os gestores de empresas têm normalmente em conta as características da ferramenta que irá satisfazer os objectivos da organização antes de decidirem qual a solução de BI a adquirir. Devem também determinar se a especificação do sistema informático pode suportar os requisitos do sistema tecnológico de BI. No entanto, há questões que atenuam a adoção do sistema de Business Intelligence, tais como: aquisição de uma equipa de BI qualificada para gerir a base de dados, alterações na estrutura organizacional que obrigam à inclusão de novos funcionários, implementação de novas normas de regulamentação e planeamento de novos métodos de trabalho.

Existem muitas ferramentas de BI de diferentes categorias no mercado, algumas das quais são muito conhecidas. Algumas ferramentas são de código aberto, outras são comerciais. Abaixo está uma lista de algumas ferramentas de BI comuns encontradas na internet.

1. Inteligência empresarial SAS
2. IBM Cognos Business Intelligence
3. Ferramentas de BI da Microsoft
4. SAP BusinessObjects
5. Ferramenta de BI QlikView
6. Inteligência de estilo
7. Pentaho BI
8. Software Tableau
9. Ferramenta de BI de microestratégia
10. Oracle BI Enterprise Edition

2.7.1 IBM Cognos

A aplicação de BI permite a realização de consultas e relatórios, análise OLAP, scorecarding, dashboarding, monitorização em tempo real, estatísticas, planeamento e orçamentação, extensão de BI (métodos convenientes para fornecer business intelligence a um público mais vasto), BI colaborativo (ferramentas modernas para colaborar, criar equipas mais fortes e incitar a melhores decisões) e análise de impacto. Existe uma versão móvel suportada por Apple ¡phone e ¡pad; RIM Blackberry smartphones e playbooks que podem ser utilizados em qualquer lugar, a qualquer hora, tanto online como offline.

2.7.2 Solução de software Microsoft

A Microsoft emergiu como a principal ferramenta do mercado de ferramentas de business intelligence. A Microsoft utiliza o Microsoft Office e o Microsoft SQL Server, dois dos seus pacotes de produtos, nas operações de business intelligence. Esta ferramenta permite efetuar consultas, análises, relatórios, integração de dados, sincronização, pesquisas, armazenamento na nuvem e importação/exportação de dados.

1) **Microsoft Excel para Business Intelligence**

O Excel é uma ferramenta mais utilizada para fins contabilísticos e financeiros. No entanto, na sua edição de 2013, incluiu dois add-ins poderosos: Power Pivot e Power View, incluindo também a disponibilidade dos plug-ins Power Query e Power Map que desvendam uma capacidade totalmente diferente para fins de Business Intelligence.

2) **SQL para Business Intelligence**

O termo "SQL" é uma abreviatura de Structured Query Language (Linguagem de Consulta Estruturada), é uma ferramenta para organizar, gerir e recuperar dados armazenados numa base de dados informática. A SQL é uma linguagem informática que se utiliza para interagir com uma base de dados. De facto, a SQL funciona com um tipo específico de base de dados, designado por base de dados relacional. A SQL é, portanto, uma linguagem abrangente para controlar e interagir com um sistema de gestão de bases de dados (Groff et al., 2002).

3) **Microsoft Power Query**

Webb & Limited (2014), descreveram-no como uma parte do conjunto de ferramentas Power BI e, como tal, uma das muitas ferramentas que podem ser utilizadas no desenvolvimento de uma solução de Business Intelligence de autosserviço. O estudo revelou que o Power Query é um suplemento do Excel desenvolvido pela Microsoft, cujo objetivo é facilitar o carregamento de dados para o Excel a partir de fontes de dados externas. Além disso, o Power Query permite a ligação a uma vasta gama de várias fontes de dados, a extração de dados de forma rápida e fácil e a definição de um conjunto de passos repetitivos para limpar, ordenar e transformar dados em bruto antes de serem importados para o Excel.

4) **Microsoft Power BI**

Microsoft Power BI É uma ferramenta analítica capaz de analisar conjuntos de dados extremamente grandes para diferentes fins, como extrair conhecimento e partilhar informações numa organização. Combina a análise de dados com tarefas de visualização de dados que podem ser apresentadas em vários dispositivos para conveniência do utilizador final. Além disso, o Power BI, como parte de uma suite analítica, contém diferentes ferramentas que suportam toda a experiência de Business Intelligence (Cuddley, 2016).

2.7.3 **Oracle Business Intelligence (inglês)**

O Oracle BI está disponível sob a forma de um pacote denominado Oracle Business Intelligence Enterprise Edition (OBIEE). Está classificado como uma das ferramentas de BI mais utilizadas no sector e o 2nd maior líder comercial de acordo com (Bernardino & Tereso, 2013). Oferece um conjunto de soluções necessárias à criação e visualização de relatórios. O OBIEE permite a criação de numerosos testes para os dados.

2.6 **Introdução à tomada de decisões de gestão**

Os gestores têm a responsabilidade de tomar decisões que podem afetar o valor e a continuidade da organização (Rowe et al., 1984). Os juízos de valor medíocres ou terríveis têm efeitos significativos nas empresas, constituindo mesmo uma ameaça à sua própria sobrevivência.

O estudo de Köppen, da Universidade de Lisboa, concluiu que os desafios com que os gestores se deparam frequentemente envolvem a decisão de fazer ou não fazer algo numa situação de resultado imprevisível. Alguns exemplos do contexto em que essa decisão é tomada incluem a orçamentação, a afetação de recursos, a entrada num mercado e a estratégia competitiva.

Afirmou ainda que, em determinadas situações, é necessário tomar decisões sobre a entrada imediata ou posterior num mercado, a continuação do investimento num novo produto ou o seu abandono. Até mesmo a perda ou não dessas opções em troca de algum tipo de indemnização.

O que é sobretudo ignorado é o benefício de decidir não fazer algo, deixando as opções em aberto (Kogut & Kulatllaka, 1994).

A tomada de decisões tornou-se um ponto focal de estudo na teoria organizacional desde que Simon (1974) publicou o seu livro sobre o comportamento administrativo, que atraiu numerosas contribuições e ajudou a teoria organizacional a alcançar alguns dos seus marcos actuais (Hodgkinson & Starbuck, 2008).

De acordo com Simon (1977), as decisões podem ser classificadas em decisões programadas e não programadas. Simon referiu-se às decisões programadas como sendo de natureza repetitiva e rotineira, na medida em que foi criado um modelo para as gerir, de modo a que não seja necessário passar pelo processo de raiz de cada vez. Este tipo de decisões envolve critérios claros, mensuráveis e compatíveis.

Por outro lado, as decisões não programadas ou não estruturadas são designadas por "resolução de problemas" e geralmente de natureza estratégica, o que contrasta com as decisões operacionais, de acordo com (Simon, 1977).

Além disso, MIntzberg et al. (1976) descrevem como estratégicas as decisões que são "importantes em termos das acções tomadas, dos recursos afectados ou dos precedentes estabelecidos", que são tipicamente tomadas sob ambiguidade, não têm soluções planeadas e são importantes em termos das acções tomadas, dos recursos afectados ou dos precedentes estabelecidos.

De acordo com a teoria da escolha racional, a decisão da organização é tomada escolhendo a opção com o benefício mais projetado até ao momento em que os objectivos foram definidos, as alternativas para atingir a meta identificadas e o seu impacto avaliado (Shollo, 2013).

Outros autores sobre o estudo das decisões organizacionais identificaram outras técnicas de tomada de decisão, como o julgamento, a intuição e as negociações (Klein et al., 1993); (Dane & Pratt, 2007); (Langley et al., 1995); (Bazerman & Moore, 2012), utilizadas pelos decisores em vez da abordagem racional.

Estes modelos de tomada de decisão baseiam-se na experiência, nas crenças e no reflexo natural quando confrontados com uma situação para tomar decisões. A intuição é uma disposição instintiva natural que permite aos decisores processar rapidamente uma grande quantidade de informações sem terem consciência de todo o processo (Dane & Pratt, 2007); (Hodgkinson & Starbuck, 2008).

A intuição é aplicada a partir da riqueza da experiência de situações ou eventos que aconteceram anteriormente. Envolve uma avaliação rápida de uma situação de decisão utilizando as aprendizagens de experiências passadas e a recompensa associada a esses eventos (D. G. Myers & Myers, 2002).

Em resumo, a tomada de decisões é uma tarefa complexa e os gestores e decisores desempenham um papel fundamental na avaliação contínua das decisões quotidianas e futuras. Muitas vezes, os gestores confiam no que é considerado racional ou lógico, enquanto a intuitividade é também um fator importante que determina a forma como os decisores fazem a sua escolha. Tais escolhas podem ter consequências de longo alcance no valor e na atividade de uma organização. Por conseguinte, não basta que os gestores baseiem as suas decisões no racional ou na lógica, negligenciando as decisões baseadas em factos a partir do conhecimento gerado pela utilização de ferramentas de Business Intelligence.

2.8.1 **Processo de tomada de decisão**

O grau de participação dos principais gestores e de outras partes interessadas na implementação do processo de tomada de decisões afecta o sucesso de uma organização.

A teoria do modelo racional postula que o processo de tomada de decisão pode ser dividido em seis etapas ilustradas na Figura 5 abaixo.

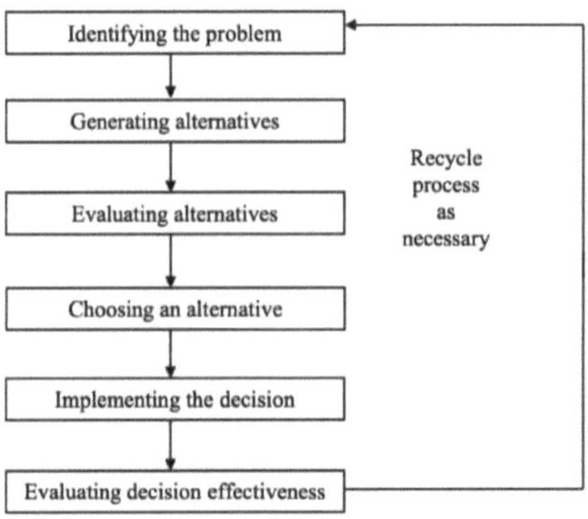

Figura 5 O processo de tomada de decisão (Schoenfeld, 2011)

O primeiro passo é identificar o problema, depois identificam-se soluções alternativas para os problemas, estas alternativas são cuidadosamente analisadas e escolhe-se o melhor curso de ação para implementação.

A alternativa selecionada é implementada e a avaliação é efectuada ao longo do tempo para assegurar a sua eficácia imediata e contínua. Assim, a tomada de decisão é uma progressão lógica de tarefas (Lunenburg, 2010).

Defendeu ainda que um problema deve ser identificado antes de se pensar em quaisquer soluções potenciais e que, além disso, a tomada de decisões é um processo iterativo.

Cada uma das etapas da decisão e as suas inter-relações serão exploradas nos parágrafos seguintes.

o **Passo 1 Identificar o problema**

(Lunenburg, 2010) sugeriu que os decisores eficazes estão muito conscientes da importância da identificação correcta do problema e da compreensão da situação problemática. (Kepner & Tregoe, 2005) descobriram uma técnica de análise de problemas que sugere que o primeiro passo na tomada de decisões é a identificação do problema, que é o passo mais crucial. De acordo com os autores, uma boa definição do problema afecta a qualidade da decisão. Explicaram ainda que, muitas vezes, é mais fácil definir o que o problema não é, do que o que é.

o **Passo 2 Geração de alternativas**

Esta é a segunda etapa do processo de tomada de decisão. Os gestores de empresas começam por especificar os objectivos que pretendem alcançar com a sua decisão antes de apresentarem soluções alternativas. São recolhidas informações sobre cada uma das alternativas e considerados os seus resultados prováveis. Essas alternativas são diversas e não idênticas umas às outras.

o **Passo 3 Avaliação de alternativas**

Esta etapa envolve a avaliação das alternativas identificadas na etapa 2, tendo em conta os seguintes factores

1) "A alternativa é viável?"
2) "É uma alternativa satisfatória?"
3) "Que impacto terá nas pessoas?" (Grant, 2021).

Por exemplo, se uma empresa tem finanças limitadas, as alternativas que exigem grandes despesas de capital não são viáveis, a não ser que se possam pedir emprestados fundos para satisfazer os elevados requisitos de despesa. A segunda pergunta diz respeito à forma como a alternativa responde à questão e a terceira diz respeito ao impacto que terá na força de trabalho.

Além disso, as pessoas que serão afectadas por esta decisão devem concordar com a sua implementação. (Hastie & Dawes, 2010) sugeriram que o não cumprimento desta condição resultará provavelmente no fracasso do processo de tomada de decisão para resolver problemas.

o **Passo 4 Escolher uma alternativa**

Esta é a fase em que o gestor da empresa selecciona a melhor opção após uma avaliação exaustiva das alternativas. Algumas destas alternativas teriam sido eliminadas na fase de avaliação e a alternativa mais adequada selecionada é considerada viável, satisfatória e aceitável para a força de trabalho (Gilboa, 2011). O gestor utiliza a informação disponível combinada com o julgamento intuitivo para tomar decisões, porque a maioria das circunstâncias não pode ser compreendida através da análise estatística (Mendel & Wu, 2010),

o **Passo 5 Implementar a decisão**

Os gestores são frequentemente confrontados com o desafio de implementar decisões (Lunenburg, 2010). De acordo com Ahmed (2011), uma decisão está condenada ao fracasso, por melhor que seja se for mal executada. Alguns dos factores a ter em conta para uma implementação bem sucedida incluem

1) uma compreensão clara da alternativa selecionada pelos trabalhadores. Isto pode ser conseguido através de uma comunicação clara a todo o pessoal envolvido. Uma comunicação eficaz é necessária para a implementação efectiva das decisões.
2) A maioria dos gestores encoraja a aceitação da alternativa como um curso de ação necessário. Assim, o grau de envolvimento ou não das pessoas nas etapas anteriores pode afetar significativamente o sucesso de todo o processo de tomada de decisão
3) As empresas devem fornecer os recursos adequados para que a alternativa seja bem sucedida, tais como orçamentos e calendários para as acções que decidiram empreender.
4) Como parte do processo, os gestores criariam calendários viáveis que determinariam a ordem de ação nos preços.

o **Passo 6 Avaliar a eficácia da decisão**

Este é o último conjunto de processos em que é avaliada a eficácia da decisão implementada. A decisão executada pode não produzir o resultado esperado devido a uma definição incorrecta do problema inicial, a uma má avaliação da alternativa e/ou a uma má execução. A definição incorrecta do problema é provavelmente a causa mais possível do fracasso, porque um problema definido de forma imprecisa resultará numa alternativa que acabará por produzir uma solução para o problema errado.

O processo de decisão é objeto de uma avaliação contínua, constante e interminável. A avaliação fornece aos gestores de empresas informações que podem iniciar um novo ciclo de decisão... De acordo com HIcks (2004), alguns especialistas em tomada de decisão sugeriram que muitos dos grandes problemas são resolvidos através da tentativa de várias alternativas em sequência, cada uma oferecendo uma ligeira melhoria.

As etapas do processo de decisão são fortemente influenciadas por factores organizacionais, culturais e técnicos. Os factores organizacionais dizem respeito à cultura da empresa, que determina a atitude

à tecnologia da informação. Estes factores continuarão a desempenhar um papel importante na decisão final

Resultado Implementado com base em dados analisados de Business Intelligence.

2.7 **Impacto** do BI **na decisão de gestão**

Os decisores são responsáveis pelo futuro das suas organizações e tomar decisões sem dados pode resultar em resultados negativos para a empresa.

O BI tem um amplo impacto no processo de tomada de decisões de gestão que envolve o apoio a decisões a todos os níveis da organização. Existem determinadas fases no processo de BI que permitem aos utilizadores analisar a informação de várias formas. Estas fases incluem a revisão histórica dos dados da empresa e a previsão de vários resultados para poder prever com exatidão tendências e padrões futuros.

2,91 **Vantagem competitiva do processo de tomada de decisões de BI**

Os sistemas de Business Intelligence criam ferramentas para apoiar a tomada de decisões dentro da organização. A integração das principais funções organizacionais através da informação processada produz vantagens "financeiras, operacionais, comerciais e logísticas" (Roldan, et al. 2012 y Cano 2007. As vantagens competitivas que podem ser vistas como um elemento prático e mensurável como resultado de uma boa tomada de decisão incluem a eficiência de custos, ganhos em margens de rentabilidade e eficiência de tempo. De acordo com Cano (2007), dispor de informação exacta e atempada através de métodos técnicos alimentados por dados internos e externos aumenta a eficácia da tomada de decisões e constitui uma vantagem competitiva do ponto de vista intangível.

2.92 **Perspectivas de BI no sector das telecomunicações da Nigéria**

O GSM foi introduzido pela primeira vez em setembro de 2001 e alterou completamente o panorama das telecomunicações na Nigéria. Inicialmente, a Nigerian Communication Commissions (NCC) emitiu quatro (4) licenças de comunicações sem fios a três (3) empresas privadas e a uma empresa pública, a uma taxa determinada pela NCC (Adomi, 2005).

O estudo revelou que os operadores foram capazes de passar de algumas centenas de milhares de linhas para milhões de linhas activas no espaço de dois anos. Num país tão diverso como a Nigéria, o potencial das comunicações móveis é muito maior porque há muito dinheiro na economia; há também uma vantagem em termos de população.

O PIB da Nigéria atribuível às telecomunicações tem aumentado constantemente desde a desregulamentação do sector das telecomunicações. Desde a desregulamentação do sector nigeriano das telecomunicações, a indústria tem crescido a um ritmo mais rápido do que a maioria das redes estabelecidas no mundo (Enahoro & Olawade, 2021). Além disso, o estudo sugeriu que o sector continua a ser largamente subexplorado, apesar do aparente sucesso que tem registado.

Bakare et al. (2017) revelaram que a indústria das telecomunicações da Nigéria gerou cerca de 25 mil milhões de dólares de investimento direto estrangeiro, tendo sido criados 1,1 milhões de postos de trabalho. A indústria cresceu de tal forma que sectores de serviços como os seguros, as TI, a banca, as consultoras, os transportes e as pequenas e médias empresas (PME) tiraram partido do seu sucesso. Registou-se também uma melhoria significativa da atividade económica (Azubuike & Obiefuna, 2014).

De acordo com Obayemi (2014), o desenvolvimento maciço registado no sector das telecomunicações provocou um aumento da maturidade e da sofisticação das empresas de telecomunicações, o que deu origem a uma intensa concorrência entre os intervenientes do sector. Além disso, a influência da globalização nas empresas de telecomunicações aumentou a concorrência no sector e estas são obrigadas a competir pela sobrevivência. São postos em prática diferentes tipos de estratégias para serem rentáveis e competitivas (Akingbade & outros, 2014).

Kabakchieva (2009) revelou que o sector das telecomunicações foi um dos primeiros a beneficiar da aplicação de soluções de Business Intelligence (BI) e da adoção de ferramentas de Data Mining. O BI combina processos empresariais com sistemas de TI para apoiar a tomada de decisões numa organização. Os sistemas de TI utilizados no BI, como o armazém de dados, o OLAP e os relatórios, têm os seus próprios processos e uma combinação destes processos constitui os processos de BI. Estes processos são regras de negócio definidas por cada organização com base nos requisitos e objectivos do negócio (Ishaya & Folarin, 2012).

É necessária uma abordagem criativa e dinâmica da BI que permita flexibilidade, colaboração e processamento e análise de dados históricos e em tempo real da vasta quantidade de dados e informações no sector das telecomunicações. (Cunningham et al., 2004) sugeriram que estão a ser gerados diariamente milhões de dados de CDR e que, à medida que os fornecedores de serviços acrescentam novos serviços para garantir a satisfação dos clientes, os dados dos clientes continuarão a crescer exponencialmente e pode ser difícil analisar estas vastas quantidades de dados num prazo e a um custo razoáveis.

Os processos de BI no sector das telecomunicações são geralmente implementados utilizando a abordagem tradicional de BI (Ishaya & Folarin, 2012). A figura 6 ilustra a abordagem tradicional da BI que integra dados de várias fontes de dados utilizando o processo ETL (Extract, Transmit and Load) para extrair dados em tempo real, transformar e carregar dados no armazém de dados. Após o carregamento dos dados, as ferramentas de extração de dados, como o OLAP, etc., operam sobre os dados para produzir relatórios comerciais num formato atempado e de fácil leitura. Por outro lado, a abordagem tradicional tem o inconveniente de consumir muito tempo e, à medida que a concorrência aumenta, pode não conseguir acompanhar a análise em constante evolução necessária para apoiar a tomada de decisões, devido à natureza rígida e restritiva em termos de tempo do armazém de dados e das ferramentas directas de ponta a ponta.

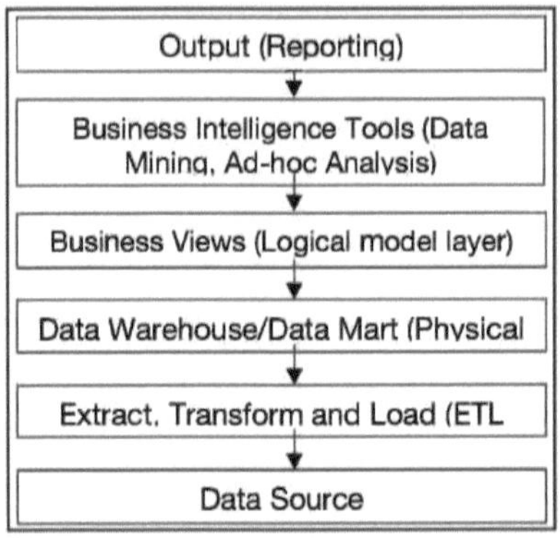

Figura 6 Abordagem tradicional ao BI *(Wu et al., 2007)*

Além disso, os registos de chamadas dos clientes (CDR) contêm informações valiosas que os operadores de telecomunicações podem utilizar como fonte de dados para o armazém de dados e para o BI. (Johnstone & Wong, 2008) revelaram que os dados CDR são limpos e transformados num formato acessível pelo sistema de faturação utilizando o módulo de mediação.

A figura 7 apresenta um processo de faturação simples e uma explicação sobre o funcionamento do sistema de faturação.

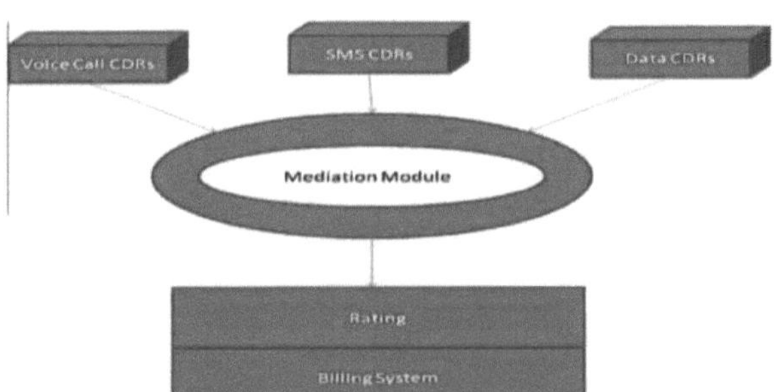

Figura 7 Processo de faturação simples (Johnstone & Wong, 2008)

Os operadores e fornecedores de telecomunicações operam num clima empresarial muito difícil devido à crescente insatisfação dos clientes, à instabilidade do mercado, ao capital inadequado, às infra-estruturas de TI enormes, dispendiosas e rígidas.

Pareek (2006) identificou quatro (4) desafios enfrentados pelo sector das telecomunicações, nomeadamente a consolidação, a concorrência, a comoditização e o serviço ao cliente.

Kabakchieva (2009) revelou que a indústria das telecomunicações enfrenta alguns desafios em matéria de BI e de extração de dados, como a integridade dos dados, que é uma das principais causas de preocupação para os decisores, uma vez que é um fator crítico para a obtenção de resultados fiáveis e accionáveis das operações de BI.

A escalabilidade é outro desafio que o BI enfrenta devido à grande quantidade de dados pertencentes às empresas que têm de estar disponíveis em tempo real. Outras questões destacadas no estudo incluem o funcionamento em tempo real no que diz respeito à deteção de fraudes e à deteção de falhas na rede.

2.93 Conclusão

A literatura destaca o papel crucial do Business Intelligence (BI) como um processo contínuo que envolve a recolha de dados, a análise e a ação, com o seu impacto positivo no desempenho organizacional amplamente reconhecido.
Os gestores costumavam basear-se no método tradicional da intuição, como forma de pensamento racional baseado em vários anos de experiência e aprendizagem, e em factos, padrões, conceitos, processos e procedimentos. Atualmente, têm de se basear mais na recolha de factos, números, dados e provas e substituir a tomada de decisão intuitiva pela tomada de decisão baseada em factos. A maioria dos gestores e decisores resistiu à mudança, em grande parte devido ao desconhecimento dos benefícios do BI, contribuindo assim para o ritmo lento da adoção do BI nas empresas nigerianas. A literatura existente tem examinado a adoção e as perspectivas de implementação do BI, no entanto, não tem havido muita investigação sobre a forma como os resultados da análise de BI são utilizados para influenciar a tomada de decisões nas suas organizações, o que contribui para o foco deste estudo. A capacidade do BГ's para melhorar a eficiГ‚ncia organizacional, a rentabilidade e a competitividade Г© destacada, juntamente com o seu papel na tomada de decisГ˜es rГ'pidas para ganhar uma vantagem competitiva. O contributo do BГ's para a compreensГ£o das exigГ‚ncias dos clientes Г© enfatizado, assim como a sua influГ‚ncia no valor da empresa atravГ©s da garantia de lealdade dos clientes. A arquitetura dos sistemas de BI, composta por fontes de dados, data warehouse e métodos analíticos como o OLAP, foi analisada em

profundidade, destacando-se a possibilidade de otimização orçamental.

Capítulo 3: Metodologia

3.1 **Introdução**

Este capítulo descreve a forma como o estudo de investigação primária foi realizado, a abordagem de investigação adoptada e a forma como os dados foram recolhidos e analisados para obter os resultados. Este capítulo ajudará a dar respostas à forma como as principais questões de investigação e as questões de sub-investigação foram abordadas.

3.2 **Investigação Qualitativa**

As técnicas de investigação qualitativa tiveram origem nas ciências sociais para permitir aos investigadores compreender melhor os fenómenos culturais e sociais (M. D. Myers & Newman, 2007). Normalmente, um investigador pensa em investigação qualitativa quando considera uma investigação natural de uma questão social, como a experiência. Para descobrir em profundidade os pormenores de uma tendência na sociedade, a investigação qualitativa utiliza uma técnica de investigação natural, que é realizada num ambiente natural (M. Rezaul Islam, Niaz Ahmed Khan, 2022). "A investigação qualitativa preocupa-se em desenvolver explicações sobre a experiência social, ou seja, em ajudar os investigadores a compreender o mundo em que vivemos e porque é que as coisas são como são. "Centra-se nos aspectos sociais do nosso mundo e procura responder a questões que o incomodam:

- Porque é que as pessoas se comportam como se comportam.
- Como se formam as opiniões e as atitudes
- Como as pessoas são afectadas pelos acontecimentos que as rodeiam
- Como e porquê as culturas se desenvolveram da forma como o fizeram.
- As diferenças entre grupos sociais " (Hancock, 1998)

A investigação qualitativa inclui a recolha e análise de dados não numéricos para compreender e obter mais informações sobre conceitos e experiências (Chai et al., 2021).

3.2.1 **Participantes na investigação**

Para selecionar os participantes, o estudo identificou colaboradores a partir do nível de gestor, que trabalham em diferentes unidades da empresa e que utilizam ferramentas de Business Intelligence no seu dia a dia. Estas empresas têm entre 14 milhões e 77 milhões de assinantes activos em todo o país. A recolha de dados das diferentes empresas permite obter uma melhor panorâmica e informações sobre o objeto de investigação.

A razão para escolher indivíduos de diferentes empresas é poder selecionar os participantes mais adequados com experiências práticas variadas sobre o assunto. Além disso, as pessoas que estão familiarizadas com os aspectos do BI e o seu impacto poderiam dar respostas às questões de investigação e avaliar o valor gerado pelo Business Intelligence.

3.2.2 **Técnica e fontes de recolha de dados**

A recolha de dados é feita de várias formas e os investigadores são frequentemente confrontados com o enorme desafio de assegurar que os dados recolhidos são úteis, pertinentes e relevantes no que diz respeito ao tema em foco. (Walliman, 2011).

Hancock (1998) afirmou que "as abordagens qualitativas à recolha de dados envolvem geralmente a interação direta com indivíduos numa base individual ou num contexto de grupo. As vantagens da utilização deste método incluem a riqueza dos dados e uma visão mais profunda do objeto de estudo".

Os dados dos estudos qualitativos são frequentemente obtidos através de entrevistas presenciais, grupos de discussão ou observação, que tendem a consumir muito tempo. As amostras de dados são geralmente mais pequenas e têm frequentemente uma base local. Idealmente, a recolha de dados deve ocorrer em simultâneo com a análise dos dados, para permitir que os investigadores modifiquem a sua questão de investigação e as técnicas de recolha de dados à luz de novos resultados (Hancock et al., 2001). No entanto, na prática, isto é difícil de conseguir, por exemplo, porque a transcrição de entrevistas gravadas consome muito tempo e a análise demora ainda mais tempo. No entanto, é crucial rever as transcrições à medida que são dactilografadas e fazer alterações quando necessário (Hancock et al., 2001).

3.2.3 **Entrevista com informador-chave**

A entrevista com informadores-chave foi utilizada para obter informações em primeira mão dos profissionais que trabalham em organizações que utilizaram ferramentas de Business Intelligence ao longo dos anos. O estudo utilizou um questionário semi-estruturado para obter respostas pormenorizadas dos participantes, a fim de permitir uma análise aprofundada.

Adeoye-Olatunde & Olenik (2021) sugeriram que as entrevistas semi-estruturadas implicam uma série de perguntas abertas baseadas nas áreas temáticas abrangidas pelo investigador. A natureza aberta das perguntas define o tópico sob investigação e oferece oportunidades tanto para o entrevistador como para o entrevistado discutirem alguns tópicos com mais pormenor. O guião de entrevista utilizado pelo investigador para a entrevista pode ser consultado no (Anexo I). Por vezes, o investigador desviou-se um pouco do tema, pois muitas vezes parecia que parte das perguntas já tinha sido respondida nas perguntas anteriores. O investigador utiliza frequentemente pistas ou sugestões para encorajar o informador-chave a aprofundar uma questão de investigação se houver dificuldades em dar uma resposta às perguntas ou se a resposta for breve.

Para obter uma resposta apropriada e adequada em relação ao tema da investigação, foram seleccionados e entrevistados 3 (três) informadores-chave nos principais operadores de telecomunicações móveis na Nigéria (ver quadro 2 abaixo).

A entrevista a informadores-chave envolve entrevistar pessoas que podem fornecer as informações, percepções e ideias necessárias sobre um assunto específico como fonte de informação especializada (Kumar, 1989). As suas respostas foram analisadas para obter conhecimentos e compreensão sobre a adoção, os benefícios e os desafios da implementação de tecnologias de Business Intelligence no sector das telecomunicações da Nigéria.

3.2.4 **Perfil dos informadores-chave**

Como se pode ver na tabela 2 abaixo, os informadores-chave entrevistados incluem o Informador A; um Gestor Sénior de Planeamento e Análise de Vendas, com especializações na utilização de ferramentas de BI para analisar dados e dar orientações sobre a estratégia de vendas à gestão da empresa. A empresa é um dos principais operadores de redes móveis em África e no Médio Oriente e tornou-se um dos maiores e mais dominantes intervenientes no sector das telecomunicações da Nigéria. A empresa oferece serviços de voz, planos de dados, Internet móvel e outros serviços de valor acrescentado, com mais de 77 milhões de assinantes activos, tendo o seu negócio sido lançado comercialmente há mais de 20 anos.

O informador-chave B é também um gestor, especializado em gestão do valor para o consumidor, responsável pela utilização dos dados dos clientes para garantir a sua fidelização, retenção e extração de valor, também entre as cinco (5) principais empresas de telecomunicações da Nigéria. A empresa oferece serviços de voz, pacote de dados, Internet móvel, dinheiro móvel e outros serviços de valor acrescentado. Tem uma quota de mercado significativa e é conhecida pela sua extensa cobertura de rede em várias cidades e vilas da Nigéria. A empresa está em funcionamento há mais de 18 anos e tem atualmente mais de 49 milhões de assinantes activos em toda a Nigéria.

Por último, o informador-chave C é o Diretor de Business Intelligence e Gestão do Valor do Cliente num dos fornecedores de serviços de telecomunicações mais competitivos da Nigéria. É conhecido pela sua abordagem inovadora e centrada no cliente relativamente ao serviço de comunicações móveis no país. Oferece chamadas de voz, planos de dados, Internet móvel e serviços de valor acrescentado a mais de 14 milhões de assinantes na Nigéria. Começou a operar há cerca de 15 anos.

Quadro 2 Participantes nas entrevistas do estudo

Recipient	*Organizational role*	*Unit*
Informant A	*Senior Manager Sales Planning and Analytics*	*Sales and Distribution*
Informant B	*Manager Customer Value Management*	*Marketing*
Informant C	*Head Business Intelligence and Analytics*	*Business Intelligence*

(Source Author)

Os participantes na entrevista foram convidados a refletir sobre a sua compreensão do conceito de business intelligence, os benefícios do BI, a forma como o BI é utilizado para melhorar o seu desempenho organizacional, a lista das ferramentas de BI mais utilizadas, os obstáculos à implementação do BI e as oportunidades para uma maior adoção do BI. Foram continuamente inquiridos para darem exemplos ou descreverem acontecimentos específicos das suas próprias experiências.

As entrevistas gravadas foram transcritas para um documento Word, as transcrições foram lidas e foram tomadas notas para obter uma representação detalhada e um resumo do contexto teórico. As respostas recebidas foram depois categorizadas por tema. Este processo de identificação de temas ou conceitos nos dados é designado por "codificação" na análise temática. O investigador esforça-se por compilar um relatório organizado do que foi visto e anotado (Ezzy, 2013).

3.3 **Análise SWOT**

A segunda parte da análise deste estudo envolve a utilização da análise SWOT para avaliar os indicadores de desempenho actuais e futuros no sector das telecomunicações nigeriano. Teoli et al. (2019) define a análise SWOT como uma ferramenta estratégica utilizada por uma organização para avaliar o seu desempenho em relação aos seus concorrentes. Na análise empresarial, (Gorener et al., 2012) definiu o conceito como uma abordagem sistemática e sistemas de apoio para estudar os fatores internos e externos das empresas.

Estes factores internos e externos estão divididos em 4 partes: Pontos Fortes, Pontos Fracos, Oportunidades e Ameaças (SWOT).

A abordagem utilizada na realização da análise SWOT do sector das telecomunicações da Nigéria é ilustrada na Figura 8 abaixo. As respostas dos informadores-chave foram analisadas e estruturadas para formular a análise SWOT das empresas de telecomunicações na Nigéria.

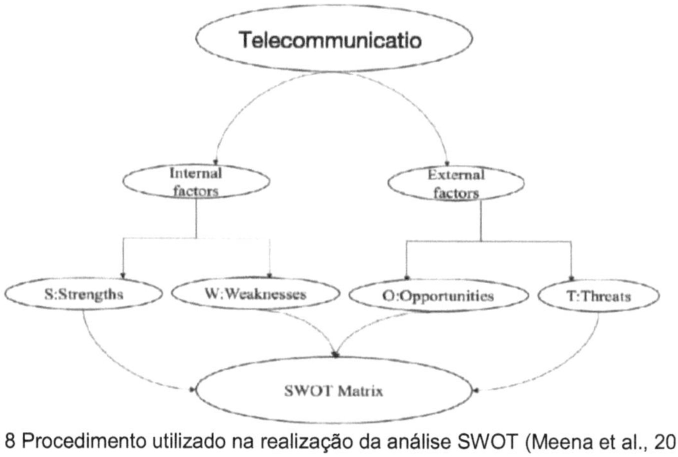

Figura 8 Procedimento utilizado na realização da análise SWOT (Meena et al., 2019)

3.4 **Considerações éticas**

Antes do início deste estudo, foi efectuada e cumprida uma avaliação das questões éticas que poderiam surgir durante a realização desta investigação. Isto foi assegurado através do preenchimento e assinatura de um formulário SPER (Student Project Ethical Review). Não foram identificadas questões éticas importantes, pelo que o estudo decorreu como planeado. Foram entregues formulários de consentimento aos informadores-chave, que foram devidamente assinados (ver Anexo II).

Foi garantido aos informadores-chave que as suas respostas seriam mantidas em segurança e confidencialidade e que as informações sobre as empresas para as quais trabalham seriam anónimas. Foram informados de que os dados seriam apagados no futuro, caso desejassem retirar o seu consentimento. As gravações áudio foram mantidas em segurança, protegidas e anónimas durante a transcrição.

Por conseguinte, o autor adoptou uma abordagem dedutiva à investigação qualitativa, utilizando entrevistas a pessoas-chave para explorar o impacto das ferramentas de BI nas decisões de gestão. Isto implica conversas em profundidade com pessoas-chave em organizações que adoptaram ferramentas de BI. O estudo examinou as aplicações práticas do BI para melhorar a tomada de decisões, contribuindo simultaneamente para o sucesso empresarial global. Também oferece uma compreensão mais profunda das implicações do BI no mundo real e os seus valiosos conhecimentos para os académicos e os profissionais da indústria que procuram aproveitar o poder dos grandes dados na decisão de gestão.

Capítulo 4: Resultados e discussão

4.1 Introdução

Este capítulo apresenta os resultados pormenorizados da investigação com o objetivo de relacionar os resultados da investigação com a literatura existente abrangida pelos vários objectivos. Os resultados são obtidos utilizando os métodos descritos no capítulo anterior. Os resultados são apresentados por ordem dos objectivos do primeiro capítulo.

4.2 Perfil da empresa entrevistada.

Profissionais de Business Intelligence ao nível de um gestor nos 3 fornecedores de serviços de telecomunicações: MTN Nigéria, Airtel e 9mobile, respetivamente. A fim de tornar as empresas anónimas para efeitos de confidencialidade, os nomes serão substituídos por Empresa A, B e C, respetivamente, sempre que forem referidos no estudo.

A empresa A tem uma cobertura de assinantes de mais de 77 milhões, enquanto as empresas B e C têm uma cobertura de assinantes de 49 milhões e 12 milhões, respetivamente. Isto deve-se ao facto de a empresa A ser um dos mais antigos operadores de redes móveis a lançar em África e na Nigéria, com mais de cinco mil estações de base espalhadas pelo país. As empresas B e C entraram tardiamente no mercado das telecomunicações. No entanto, controlam cerca de três mil e um mil e quinhentos locais de estações de base, respetivamente. As três (3) empresas oferecem serviços de voz, de dados e digitais e têm como principais clientes indivíduos a partir dos 18 anos de idade, pequenas e médias empresas e grandes grupos económicos.

Embora os serviços de voz fossem o principal produto consumido pelos clientes, devido às recentes alterações introduzidas pela COVID-19, verificou-se uma mudança drástica dos serviços de voz para um aumento maciço da procura de produtos de dados.

As três empresas tinham motivações diferentes para prestar os seus serviços. Por exemplo, a motivação da empresa A é resolver o problema da comunicação e da transmissão de informações na sociedade e, ao mesmo tempo, gerar receitas. De acordo com a empresa B, a motivação é ligar pessoas de todo o mundo, colmatando as lacunas de comunicação, enquanto o informador-chave da empresa C explicou que a sua motivação é prestar serviços que sejam atractivos para os clientes e gerar receitas.

4.3 Apresentação das perguntas da entrevista

Nesta secção, as perguntas da entrevista e as respostas são analisadas de acordo com os objectivos indicados no primeiro capítulo. Esta análise será efectuada com base numa abordagem discursiva, uma vez que o instrumento de recolha de dados é qualitativo.

4.3.1 **Sensibilização dos gestores para o BI**

Quando questionados sobre se conhecem a ferramenta de Business Intelligence, todos os informadores confirmaram que conhecem a ferramenta de Business Intelligence e que utilizam ferramentas de BI na sua organização. No entanto, é pertinente notar que apenas 16% das organizações na Nigéria têm uma função de chefe de dados dedicada, enquanto a maioria das empresas atribuiu a função ao diretor financeiro (KPMG 2019). Revelaram ainda que apenas 4 em cada 10 organizações nigerianas estão interessadas em utilizar a inteligência artificial para permitir as suas decisões e melhorar os processos operacionais.

4.3.2 **Definição de business intelligence**

Ao descrever o conceito de Business Intelligence? O informador explicou que "a inteligência empresarial envolve a reunião de *dados*, a extração e recolha de *dados* de diferentes *fontes* e a *transformação* dos dados em *informação significativa* para efeitos de *tomada de decisões.* É um processo que envolve a exploração, extração, transformação e carregamento de dados. (Norman Manley, 2014), a definição do conceito de Business Intelligence destaca palavras-chave importantes na resposta do informador principal, tais como "Recolher", "Analisar" e "Aplicar a informação e o conhecimento resultantes aos processos de tomada de decisão". Para além disso, o informador-chave também afirmou que

"Estes dados recolhidos são analisados, revelando assim tendências, padrões e oportunidades no mercado".

Esta conclusão corrobora o relatório (R. A. Khan & Quadri, 2012), segundo o qual as aplicações e tecnologias de business intelligence podem ajudar as empresas a analisar as tendências de mudança na quota de mercado, as alterações no comportamento dos clientes e nos padrões de despesa, as preferências dos clientes, as capacidades da empresa e as condições de mercado.

4.3.3 **Benefícios da inteligência empresarial**

Foi pedido aos informadores-chave que indicassem os benefícios derivados do BI de acordo com um guia de perguntas que pode ser visto no (Anexo 1). As perguntas são abertas e permitiram que os inquiridos descrevessem em pormenor como é que a sua organização conseguiu identificar os benefícios derivados dos sistemas de BI.

As respostas são resumidas a seguir:

a) Identificar novas áreas de oportunidade de mercado utilizando técnicas de aprofundamento para descobrir mercados inexplorados.

Lokken (2001) associa a tecnologia de business intelligence à redefinição e otimização de processos, o que pode abrir novas possibilidades e oportunidades, nunca antes vistas, no espaço do mercado.

b) Os informadores-chave concordaram que as tecnologias de Business Intelligence melhoram um sistema de elaboração de relatórios exactos.

Os resultados do inquérito realizado por (Thompson, 2004) identificaram os principais benefícios da Business Intelligence, que incluem a possibilidade de elaborar relatórios mais rápidos e mais precisos, tendo 81% dos inquiridos concordado com a afirmação de que a BI melhora a precisão dos relatórios.

"Os resultados do Business Intelligence resultam em decisões baseadas em factos e não em juízos intuitivos ou pessoais, o que proporciona uma melhor orientação para a tomada de decisões"

Esta conclusão está em consonância com as conclusões de (Hocevar & Jaklic, 2010). Além disso, de acordo com Carver e Ritacco (2006), a inteligência empresarial é vital para uma melhor tomada de decisões. De acordo com o informador-chave que representa a Empresa A

"A Business Intelligence ajuda as empresas a manterem-se competitivas num mercado altamente volátil".

Essa afirmação corrobora os achados de (Bach et al., 2016) sobre a eficácia da organização medida em seu uso de BI para melhorar a lucratividade e a competitividade por meio da tomada de decisões estratégicas. Além disso, Saqlb et al. (2018) explica como o BI desempenha um papel crítico ao fornecer às organizações ferramentas analíticas e representação que apoiam e melhoram a competitividade do negócio.

a) *Um informador descreveu os benefícios da utilização do Business Intelligence para ajudar as organizações a alcançar a satisfação dos empregados e dos clientes*

De acordo com Habul & Pilav-Velic (2010), os sistemas de CRM combinados com soluções de business intelligence proporcionam uma abordagem abrangente para melhorar a definição do perfil do cliente, a deteção fácil do valor do cliente e a satisfação do cliente. Os sistemas de Business Intelligence são vitais para fornecer aos líderes empresariais informações sobre a motivação dos seus empregados, conduzindo à satisfação dos mesmos (Gauzelin & Bentz, 2017).

b) Todos os informadores-chave revelaram que as ferramentas de business intelligence melhoram o modelo de relatório automatizado, que é facilmente legível e compreensível.

Esta conclusão é destacada por Pleterse (2012), que mostrou como as ferramentas de Business Intelligence criam painéis de controlo de forma inteligente e periódica para um determinado número de resultados. Isto permite a criação de relatórios automatizados, o que poupa imenso tempo, uma vez que os relatórios podem ser acedidos remotamente a partir de qualquer lugar do mundo com uma ligação à Internet adequada.

4.3.4 **Ferramentas de Business Intelligence**

Quando questionados sobre o conhecimento das ferramentas de Business Intelligence utilizadas, foram mencionadas muitas ferramentas, por exemplo, agrupadas em ferramentas de limpeza/tratamento de dados, visualização de dados e extração de dados. No entanto, algumas ferramentas foram consideradas mais populares no sector do que outras. Algumas dessas tecnologias de Business Intelligence incluem ;

Com base na resposta do informador principal, foi identificada uma ferramenta de business intelligence denominada IBM COGNOS como uma das ferramentas de business intelligence mais populares. Bernardlno & Tereso (2013) descreveram o COGNOS como uma plataforma de BI da IBM com capacidade de consulta, elaboração de relatórios, dash-boarding e monitorização em tempo real.

Com base no estudo, uma das ferramentas mais populares utilizadas no sector é o Oracle Business Intelligence (OBIEE). A ferramenta de Business Intelligence da Oracle é o 2nd maior líder do mercado comercial, que está disponível sob a forma de pacote e oferece uma solução para criar e visualizar relatórios. Fornece um sistema flexível para testar dados (Bernardino & Tereso, 2013).

Na resposta do informador-chave, este destacou as ferramentas de visualização de dados como componente-chave do sistema de Business Intelligence, sendo que algumas das soluções mais utilizadas incluem o Microsoft powerBI, o Tableau e o Plotly. Este relatório dá crédito à apresentação de All et al. (2016), onde concluíram que os principais aspectos do sistema de Business Intelligence são a identificação de tendências e padrões interessantes que, quando representados visualmente, se tornam muito mais fáceis para o cérebro humano encontrar percepções significativas e tomar decisões em conformidade.

O Tableau é uma ferramenta interactiva que se centra principalmente na inteligência empresarial e é rápida e flexível. É uma aplicação de software que permite a criação de relatórios de visualização personalizados e é compatível com todos os formatos de dados (Ali et al., 2016).

O Power BI é um poderoso serviço baseado na nuvem com uma interface rica e interactiva (Ali et al., 2016). Funciona como uma solução de autosserviço com capacidade de integração perfeita com outras fontes de dados, como o Microsoft Excel e o servidor SQL (Sherif, 2016). O seu principal objetivo são os painéis de controlo, os relatórios, etc.

Outras ferramentas de BI de Business Intelligence frequentemente utilizadas incluem a linguagem de consulta estruturada (SQL), Python e a linguagem de programação R.

Na literatura (Groff et al., 2002), a SQL é uma linguagem abrangente para controlar e interagir com um sistema de gestão de bases de dados e é a linguagem preferida para a utilização de bases de dados relacionais. É uma linguagem popular devido à sua facilidade de compreensão e capacidade de interação.

Sherif (2016) descreve o R como uma linguagem de programação disponível gratuitamente com capacidade para produzir gráficos de grande qualidade. É uma plataforma popular para apresentar e fornecer relatórios de business intelligence eficazes e práticos.

Outras ferramentas, de acordo com a resposta à entrevista, incluem o software Python, que, no relatório de Sherif (2016), afirma que o Python é uma linguagem de programação polivalente comummente utilizada com vários componentes que são muito eficazes na análise e visualização de dados.

A escolha das ferramentas de business intelligence adoptadas por estas organizações depende sobretudo do orçamento disponível da empresa que as adquire e do grau de utilização dessa ferramenta.

4.3.5 **Indicadores-chave de desempenho no sector das telecomunicações na Nigéria**

Um indicador-chave de desempenho é uma métrica utilizada para avaliar e acompanhar o progresso e o desempenho. De acordo com as declarações dos informadores-chave, o KPI mais importante é a cobertura de assinantes activos. É ainda salientada a existência de uma relação positiva direta entre o número de assinantes activos e as receitas da empresa. Como já foi referido no capítulo 2, os clientes são fundamentais para o sucesso de qualquer organização. O BI melhora as capacidades empresariais para aceder a dados importantes sobre os clientes actuais e potenciais. Deste modo, o BI é uma ferramenta importante para as organizações que procuram aumentar a sua capacidade de gerar receitas.

a) ***Assinante ativo***

Trata-se de clientes que realizaram uma atividade geradora de receitas nos últimos 90 meses. Constituem a base de todos os fornecedores de serviços de telecomunicações móveis. São estes clientes que determinam as receitas da empresa.

b) ***Receitas***

Na resposta do informador-chave de A, ao revelar a métrica de desempenho importante que as organizações procuram seguir utilizando a ferramenta de BI, afirma que

"Todas as empresas têm o objetivo de gerar receitas para sustentar o seu funcionamento.

Por conseguinte, os quadros superiores dão mais ênfase ao impacto das decisões baseadas em dados sobre as receitas comunicadas". Revelou ainda que os principais fluxos de receitas das empresas de telecomunicações na Nigéria são a voz, os dados e a Internet de banda larga, os conteúdos digitais e os serviços.

c) ***Acréscimo bruto***

Este indicador de desempenho é um indicador-chave de desempenho importante porque significa a adição de um novo cliente à empresa. Tem-se tornado cada vez mais difícil atrair novos clientes de redes móveis na Nigéria devido à dura realidade económica e aos clientes que parecem estar ligados ao seu atual fornecedor de serviços e não estariam dispostos a experimentar outro serviço.

d) ***Consciência top of mind***

Outro indicador importante que garante a fidelidade do cliente e a afinidade com a marca. É o resultado de uma experiência consistente (positiva) do cliente e da satisfação com o produto. É uma palavra de marketing que mede a forma como os clientes percepcionam o produto e os serviços produzidos pela empresa e, especialmente, a sua ligação ao produto.

e) ***Disponibilidade do sítio***

Outro indicador medido pela equipa de engenharia que é medido em percentagem de 100%. Os gastos com chamadas de voz e banda larga de Internet dependem essencialmente do facto de a estação de base estar a funcionar e ter uma disponibilidade de 99% em permanência. Isto garantirá que os clientes possam fazer chamadas rapidamente e realizar as suas actividades diárias a qualquer hora do dia.

f) ***Taxa de estabelecimento de chamadas***

A taxa de estabelecimento de chamadas é medida pela equipa de engenharia e determina o tempo que demora, em média, a efetuar uma chamada de voz bem sucedida na rede. Estes indicadores de desempenho ajudam a equipa de gestão a aceder ao desempenho da sua rede em comparação com os seus concorrentes no mercado.

g) ***Taxa de abandono de chamadas***

A taxa de abandono de chamadas é um indicador importante porque uma taxa elevada de abandono de chamadas pode ser prejudicial para a perceção do cliente. Um cliente frustrado devido a uma elevada taxa de abandono de chamadas resultará numa má classificação da empresa em termos de perceção dos clientes.

4.3.6 O papel do BI no processo de tomada de decisões na organização de telecomunicações da Nigéria

De acordo com as respostas dos informadores-chave, a empresa A é a que há mais tempo utiliza o Business Intelligence na análise de dados para efeitos de tomada de decisões (22 anos). Enquanto as empresas B e C utilizam o BI no espaço há 20 anos e 13 anos, respetivamente.

a) ***Avaliação do desempenho dos produtos antes e depois do lançamento***

"A ferramenta de Business Intelligence é utilizada para analisar os dados de qualquer produto antes do seu lançamento, sendo utilizada para determinar se esse produto deve ser lançado em primeiro lugar. Proporciona um nível significativo de confiança de que um produto terá um bom desempenho no mercado e, após o almoço, os dados sobre o produto são analisados para verificar se o produto está a ser bem sucedido no 1st mês ou 2 meses".

b) ***Programas de intervenção***

Utilizando a ferramenta de Business Intelligence, a gestão pode obter informações baseadas em dados gerados a partir da análise de dados operacionais. Por exemplo, os *"programas de intervenção tática com base em dados"* e os *"programas específicos de localização"* são frequentemente implementados a partir de conhecimentos e ideias gerados pelas ferramentas de Business Intelligence.

c) ***Melhoria do desempenho da empresa***

O informador C, na sua resposta, revelou que

"O Business Intelligence melhorou efetivamente o desempenho das nossas empresas. Houve uma melhoria significativa na nossa posição de quota de mercado."

Nas suas respostas, todos os informadores-chave citaram uma média de 10% de crescimento anual das receitas, enquanto o objetivo atual de crescimento ronda os 25% - 50% a partir de conhecimentos e campanhas estratégicas orientados pelo business intelligence. Esta conclusão é corroborada pelo relatório de Owusu

(2017), que sugere que o sistema de business intelligence tem um impacto positivo no desempenho organizacional, com uma consideração significativa por parte dos académicos e dos profissionais do sector. Afirmou que as empresas aproveitam dados importantes dos seus concorrentes utilizando a inteligência comercial para melhorar a sua produtividade empresarial de uma forma eficiente, conduzindo assim a um crescimento organizacional global e a uma vantagem competitiva.

Análise SWOT do sector das telecomunicações da Nigéria

Para poder compreender os pontos fortes, os pontos fracos, as oportunidades e as ameaças (SWOT) que influenciarão o sucesso da adoção do BI na indústria das telecomunicações da Nigéria, foi pedido aos profissionais do BI que respondessem a uma série de perguntas. Um resumo dos resultados pode ser consultado na Tabela 3

Quadro 3 Resumo da análise SWOT

Strength	Weaknesses
a) Business Performance improvement b) Employee and customer satisfaction c) Automated Reporting d) Accelerated Decision Making process	a) Funding constraints b) Data integration – structures/unstructured data c) Poor training of BI professionals d) Data Quality Issues
Opportunity	**Threats**
a) Financial support b) Data Driven Culture c) Data Governance team d) Process Documentation	a) High Implementation cost b) Inadequate Infrastructure c) Resistance to Change - End users d) Political and Economic Instability

Fonte: (Dados do estudo)

4.3.7 **Pontos fortes**

a) Melhoria do desempenho das empresas

Um dos principais pontos fortes é a melhoria do desempenho da empresa, atribuída aos conhecimentos comerciais gerados pelo Business Intelligence. Os inquiridos concordaram que viram um crescimento significativo nas suas operações comerciais ao longo do tempo devido à utilização de ferramentas de Business Intelligence na análise dos seus dados e baseando as suas decisões no resultado da análise. Estes resultados podem ser associados a Saqib et al. (2018), que defendem que o business intelligence é um fator crítico que influencia o desempenho organizacional e é visto como um intermediário útil entre a gestão do conhecimento e o desempenho organizacional. Portanto, as organizações devem se engajar na aprendizagem organizacional para identificar e desenvolver continuamente o conhecimento, bem como para preservar e compartilhar as informações adquiridas ao melhorar com o BI Tools.

b) Satisfação dos empregados e dos clientes

O inquirido concordou que as ferramentas de Business Intelligence dispõem de tecnologias e soluções que permitem recolher e reunir dados de várias fontes, o que permite dispor de uma base de dados completa e consolidada dos clientes. Um aspeto importante desta base de dados é a base de dados "Conheça o seu cliente" (KYC), que permite uma melhor compreensão do comportamento dos clientes.

Esta ideia pode ser associada a (Habul & Pllav-Velic, 2010), o maior benefício do Business Intelligence na gestão da relação com o cliente é a sua base na personalização. A personalização da relação entre uma empresa e os seus clientes ajuda a compreender melhor e a responder às necessidades de cada cliente. Isto garante que cada cliente recebe exatamente o que quer e quando quer. As aplicações de BI suportam a implementação de vários canais de comunicação com os clientes, como o correio eletrónico, a Web, o telefone, etc. Os clientes, de acordo com as suas preferências, escolhem o canal que mais lhes convém e por quem vão receber uma mensagem personalizada.

c) ***Relatórios automatizados***

Existem ferramentas de business intelligence de autosserviço que fornecem soluções para a criação automática de relatórios. Isto elimina a necessidade de engenheiros de software, uma vez que os relatórios podem ser gerados com um simples clique. Os painéis de controlo de fácil utilização já não têm de ser interactivos, uma vez que esta função pode agora ser automatizada para obter os resultados pretendidos. O valor acrescentado aqui é o tempo poupado, uma vez que o cálculo dos painéis de controlo é geralmente muito entediante e muitas vezes um desperdício de recursos (Pleterse, 2012).

d) ***Tomada de decisões acelerada***

Os profissionais de BI entrevistados afirmaram na sua apresentação que as ferramentas de Business Intelligence melhoram o processo acelerado de tomada de decisões. Em termos simples, se as empresas quiserem tomar decisões inteligentes e rápidas, precisam de ferramentas de Business Intelligence que forneçam as informações correctas (Intelligence, 2007). Além disso, facilitam a análise e a partilha de informações e ajudam a tomar decisões empresariais informadas (Chee et al., 2009)

4.3.8 **Pontos fracos**

a) ***Restrições de financiamento***

Um dos principais desafios é a falta de financiamento para a atualização e expansão das tecnologias e soluções de BI. De acordo com os entrevistados, "o investimento na atualização e expansão das ferramentas e soluções de Business Intelligence é frequentemente descurado para poupar custos". Acrescentaram ainda que os intervenientes do sector têm a perceção de que o retorno do investimento do Business Intelligence é nulo.

Sobre a questão do financiamento, (Hasan, Rahman, et al., 2016) reiterou que a limitação do financiamento é um grande obstáculo para os adoptantes de BI. Este problema foi identificado como um obstáculo significativo por seis dos nove investigadores em vários contextos. A razão é que a implantação do BI requer um alto custo de aquisição da infraestrutura de BI e o recrutamento de especialistas para executar o sistema. Assim, o custo aumenta automaticamente, uma vez que o BI é um projeto contínuo.

b) ***Integração de dados: Dados estruturados e não estruturados***

Outro desafio identificado a partir do feedback dos inquiridos é a dificuldade em integrar dados não estruturados;

"Há muitos dados não estruturados que são gerados diariamente, especialmente na Internet, por exemplo, previsões meteorológicas, opiniões sobre um produto ou serviço através de críticas e opiniões sobre a popularidade e os sentimentos em relação a um candidato presidencial. No entanto, a integração destes dados com fontes de dados

estruturados tem sido um desafio".

Numa das respostas, o informador-chave que representa a empresa A afirmou que *"Para definir um objetivo baseado em dados para o novo ano, a empresa deve procurar na Internet as previsões meteorológicas dos últimos 5 anos. Isto permitir-lhes-á determinar os locais onde é provável que chova mais e, ao mesmo tempo, sobrepor esses locais ao desempenho da rede para medir o impacto das condições meteorológicas na geração de receitas."*

O ponto acima é validado em Lang et al. (2009) sobre a forma como os dados não estruturados podem melhorar a qualidade das análises de BI existentes ou, nalguns casos, ser o principal facilitador de novos tipos de informações. No entanto, o processo de consolidação com dados estruturados é penoso e moroso. A heterogeneidade, a diversidade das fontes e a qualidade dos dados são alguns dos problemas complicados dos dados não estruturados em comparação com os dados estruturados (Adnan et al., 2020).

c) ***Equipa de Business Intelligence com formação insuficiente***

Um dos desafios mencionados pelo informador-chave é a falta de formação dos especialistas em Business Intelligence e dos funcionários. De acordo com a resposta dos entrevistados obtida a partir da análise

"Todos os meses são lançadas novas tecnologias de BI, quanto mais anualmente, às quais é necessário estar habituado. Infelizmente, os especialistas em BI não estão normalmente expostos às tecnologias mais recentes que os podem ajudar a operar a nível global"

Muitas vezes, a equipa de gestão sénior considera que os custos de formação são um desperdício e não acrescentam valor à empresa. É importante compreender que estas ferramentas de business intelligence são inúteis se não houver uma equipa competente que utilize as ferramentas para promover a melhoria da empresa. Acrescentou ainda que;

"Um especialista em Business Intelligence que não conheça a solução mais recente e

uma forma mais eficaz de utilizar o Business Intelligence está preso ao passado e será incapaz de oferecer uma visão adequada à liderança empresarial".

Esta questão foi apoiada pelos resultados da investigação de (Olszak, 2022), em que um dos maiores obstáculos identificados pelos inquiridos nesse estudo foi a falta de formação e apoio aos utilizadores, entre outros desafios.

4.3.9 **Oportunidade**

a) Finanças e apoio

Existe a possibilidade de aumentar a afetação de recursos financeiros para a expansão das soluções de BI e a capacidade de recolher, recolher, consolidar e analisar dados de potenciais clientes, compreendendo assim a variedade de preferências dos clientes e sendo capaz de criar produtos e serviços que apelarão a todos os tipos de clientes, incluindo consumidores com rendimentos elevados e baixos.

b) Cultura orientada para os dados

Está a ser gerada uma enorme quantidade de dados em diferentes formatos, sejam eles estruturados, semiestruturados ou não estruturados. (Hamad et al., 2021). A criação de uma cultura de dados implica que cada funcionário, independentemente do seu nível, seja capaz de extrair e analisar esses dados. Existe uma enorme perspetiva de que a grande quantidade de dados gerados seja efetivamente utilizada para melhorar o desempenho em cada nível da organização.

c) Forte governação de dados

O estudo identificou a constituição de uma equipa forte de governação de dados como tendo perspectivas de crescimento para o sistema de business intelligence da organização. A governação dos dados é importante para a inteligência empresarial. Atualmente, muitas organizações dependem dos seus sistemas de BI e de reporting para obterem uma vantagem competitiva. Sem uma infraestrutura de dados bem compreendida, de alta qualidade, bem modelada, segura e acessível, há poucas hipóteses de sucesso do BI. Em última análise, para que a governação dos dados seja bem sucedida, deve ser totalmente integrada nos processos empresariais quotidianos e ser tratada como parte das actividades empresariais habituais. Como já foi referido, esta adoção da governação irá aproximar o alinhamento entre as TI, o BI e a empresa

(Watson & McGlvern, 2016), "A equipa de governação dos dados tem a tarefa de garantir que os especialistas e a equipa de BI são mantidos sob controlo e também de criar um sistema que dê prioridade à qualidade e à precisão dos dados".

d) ProcessoDocumentação

"Tem de haver um processo detalhado sobre a forma como a equipa vai gerir os seus processos. Caso contrário, será um jogo livre para todos e toda a gente fará o que quiser. Por detrás de cada equipa de Business Intelligence bem sucedida, deve existir um processo de BI bem aprovado e divulgado ou uma regra de negócio. Para cada Key Performance Metrics que é gerada, deve haver uma regra de negócio detalhada e documentada, que deve ser mantida onde todos possam aceder, de modo a que, se o negócio entrar em colapso hoje, como parte da medida de continuidade do negócio, outra pessoa possa construir o negócio a partir do zero com base no processo detalhado que foi mantido para a sustentabilidade."

4.3.10 **Ameaças**

Há vários factores internos e externos que podem limitar a plena aplicação do sistema de BI na indústria das telecomunicações da Nigéria. Para identificar esses factores, foi pedido aos inquiridos que seleccionassem um dos vários factores que atenuam a adoção e a aplicação integrais das tecnologias de BI nas respectivas empresas.
Os seguintes factores foram identificados como ameaças ao avanço da utilização da inteligência empresarial no sector das telecomunicações da Nigéria.

a) Custo de implementação elevado

O elevado custo de aquisição e implementação de tecnologias de Business Intelligence pode ser proibitivo para muitas organizações. Custos como licenças de software, hardware e pessoal especializado podem ser incomportáveis para a maioria das empresas, especialmente as mais pequenas. A maioria dos gestores de empresas declina o convite para atualizar estas tecnologias, invocando soluções de software dispendiosas, que consomem muito tempo e energia. Estes factores tendem a limitar a plena adoção e utilização das tecnologias de Business Intelligence pela maioria das empresas.

b) Infra-estruturas inadequadas

Uma das principais ameaças à adoção e implementação do BI é a falta de infra-estruturas. A Nigéria é afetada por infra-estruturas de TI deficientes, incluindo conetividade à Internet pouco fiável e fornecimento de energia errático, o que pode limitar as funcionalidades e a eficácia do Business Intelligence. Estes recursos são fundamentais para o êxito da implantação da tecnologia de BI. Por conseguinte, a indisponibilidade desta estrutura básica constitui um obstáculo importante à expansão da capacidade de Business Intelligence no sector.

c) Resistência à mudança

A força de trabalho pode resistir à mudança, especialmente quando já estabeleceu processos tradicionais de tomada de decisão. Pode haver resistência por parte dos trabalhadores que receiam a deslocação do emprego devido à automatização. Uma das respostas dos informadores-chave foi a seguinte

"As pessoas vêem a tecnologia de Business Intelligence como uma ameaça e não como uma forma de aumentar a eficiência ou a eficácia".

A fraca adoção dos resultados do BI pelos gestores das unidades e pelo seu pessoal deve-se à falta de vontade de se adaptarem à mudança. Explicou também que;

"Um cenário que aconteceu na nossa organização em que foi investido muito dinheiro na aquisição de uma solução de BI e foi necessário pagar outro dinheiro para incentivar os funcionários a utilizá-la, uma vez que ninguém estava interessado em adoptá-la".

Acrescentou ainda que;

"se as pessoas não estiverem interessadas em qualquer conhecimento que esteja a gerar, então o seu nível de maturidade de BI não irá subir. As pessoas recusar-se-ão a adoptá-lo"

A utilização da análise SWOT para avaliar a resposta no estudo revelou que os sistemas de Business Intelligence têm os seus pontos fortes na obtenção de melhorias no desempenho organizacional, no aumento da satisfação dos clientes e dos funcionários, nos relatórios automatizados e nas capacidades de tomada de decisões rápidas. A investigação também revelou alguns pontos fracos, como o financiamento limitado, desafios na integração de dados, deficiências na formação de especialistas em BI e preocupações com a qualidade dos dados. Além disso, surgiram oportunidades, incluindo perspectivas de apoio financeiro, promoção de uma cultura organizacional orientada para os dados, implementação de práticas de governação de dados e melhoria da documentação dos processos. Entretanto, o estudo também expôs ameaças que atenuam a implementação do BI, como o elevado custo do equipamento tecnológico e do software de BI, as limitações das infra-estruturas, a resistência à mudança e as potenciais vulnerabilidades associadas à instabilidade política e económica.

Capítulo 5: Resumo, conclusões e recomendações.

5.1 Introdução

Este capítulo resume todo o estudo, apontando as ideias centrais, bem como os principais resultados do estudo. O capítulo trata também das conclusões e das possíveis recomendações políticas decorrentes dos resultados do estudo, das limitações e das recomendações para investigação futura.

5.2 Resumo e conclusão

Existe pouca literatura sobre a influência da Business Intelligence nos processos de decisão estratégica e tática das empresas, como é o caso deste estudo.
Este estudo investiga a aplicação de Business Intelligence (BI) no sector das telecomunicações da Nigéria, lançando luz sobre métricas críticas de desempenho, vantagens, ferramentas de BI em uso, práticas de implementação e desafios associados.

Foram identificados vários indicadores-chave de desempenho (KPI). A cobertura e as receitas dos assinantes são fundamentais, reflectindo a dependência da indústria em relação ao alcance dos clientes e ao sucesso financeiro. Além disso, o estudo reconhece a importância da aquisição de novos clientes como uma métrica crítica para o crescimento organizacional. O sucesso do marketing é medido através do "Top of the Mind Awareness", um reflexo da fidelidade do cliente construída ao longo do tempo. As métricas de engenharia, como a taxa de estabelecimento de chamadas e a taxa de abandono de chamadas, são vitais para avaliar a eficácia do equipamento e da tecnologia.

O estudo sublinha as vantagens da integração da BI nas operações de tomada de decisões no sector das telecomunicações. O BI facilita o acesso a novos potenciais de mercado e assegura a exatidão dos relatórios empresariais, conduzindo a uma tomada de decisões mais rápida e precisa. Promove processos de decisão baseados em factos em vez de intuição ou julgamentos pessoais, mantendo uma vantagem competitiva e aumentando a satisfação dos empregados e dos clientes.

A investigação identificou várias ferramentas de BI aplicadas no sector das telecomunicações da Nigéria. A COGNOS, uma plataforma propriedade da IBM, é conhecida pelas suas capacidades versáteis de consulta, elaboração de relatórios, criação de painéis de controlo e monitorização em tempo real. O Oracle Business Intelligence (OBIEE) surge como uma das ferramentas de BI mais populares do sector, detendo a segunda maior quota de mercado. Além disso, as ferramentas de visualização como o Microsoft Power BI, Tableau e Plotly são reconhecidas pelas suas interfaces interactivas e compatibilidade com diversos formatos de dados. Além disso, as ferramentas de limpeza de dados, incluindo a programação SQL, Python e R, são proeminentes no sector.

Os resultados do estudo revelam uma duração variável da adoção do BI pelas empresas entrevistadas, com a Empresa A a liderar o grupo com 22 anos de experiência. Uma prática significativa envolve pré-avaliações e pós-avaliações do lançamento de produtos, assegurando que os produtos estão prontos para o mercado e são eficazes. Os inquiridos relatam melhorias substanciais no desempenho empresarial desde a implementação do BI, com um crescimento da cobertura de subscritores que varia entre 10% e 90%.

Com base nos dados analisados, um dos pontos fortes do BI é a melhoria do desempenho da organização. Isso é apoiado por Saqulb et al., (2018) onde eles reconheceram o BI como um fator crítico para o desempenho organizacional. Eles reiteraram o papel do BI como intermediário entre o conhecimento que é um produto da inteligência de negócios e o desempenho organizacional. Outros pontos fortes discutidos neste relatório incluem a satisfação dos clientes e dos funcionários. Esta conclusão pode ser associada ao relatório de Habul & Pilav - Veliv (2010) que sugeriu que o BI fornece vários pacotes de aplicações que permitem às organizações manter vários canais de comunicação com os seus clientes, o que ajuda as empresas a alcançar a satisfação do cliente, assegurando que o cliente obtém o que quer e quando quer. O relatório automatizado é um dos pontos fortes atribuídos à BI com base nos resultados do estudo. As ferramentas de business intelligence self-service melhoram a automatização do método de elaboração de relatórios. Este facto é validado por Pieterse (2012), que afirma que os relatórios dos painéis de controlo são entediantes e fazem perder tempo. Entretanto, o BI fornece uma plataforma de fácil utilização, interactiva e que poupa tempo e recursos. Outro ponto forte do sistema de BI, tal como definido no estudo, consiste na tomada de decisões rápida e atempada. Chee et al (2009) concordam com esta conclusão, sugerindo que o BI facilita a análise e a partilha de informações, o que ajuda a tomar decisões informadas. Intelligence (2007) dá crédito à sua afirmação de que as empresas são capazes de tomar decisões rápidas e inteligentes utilizando a ferramenta de Business Intelligence que irá desenvolver a informação correcta. Por outro lado, o financiamento é um desafio importante, como salientado na resposta ao estudo dada pelo entrevistado. Hasan, Rahman et al. (2016) reiteraram esta questão ao afirmarem no seu relatório que o principal obstáculo para quem adopta o BI é o financiamento. Na sua explicação, o elevado custo da infraestrutura, da solução de software e do recrutamento e formação de peritos em BI são responsáveis pelo custo dos sistemas de BI. Outros pontos fracos identificados no estudo incluem a integração da estrutura de dados, especialmente fontes de dados não estruturados, e peritos de BI com pouca formação. A questão da integração dos dados é apoiada no relatório de Adnan et al (2020), que afirma que a heterogeneidade, a diversidade das fontes de dados e a diferente qualidade dos dados são razões para a complexidade da integração dos dados não estruturados. Além disso, a questão dos peritos de BI com formação insuficiente pode ser associada a Olszak (2022), cujos resultados revelam que um dos maiores obstáculos à implementação do BI é a falta de formação e de apoio aos utilizadores. Oportunidades identificadas a partir da pesquisa Inclui financiamento adequado para a expansão e atualização do BI para alavancar o grande volume de dados que estão a ser gerados diariamente, o que irá melhorar a capacidade das organizações para atender a todos os tipos de clientes, incluindo clientes de baixo e alto rendimento. Outras oportunidades identificadas nas respostas dos informadores-chave incluem uma forte cultura de dados a todos os níveis da organização, que pode ajudar a atingir a maturidade do BI. Além disso, uma equipa de governação de dados forte foi identificada no estudo como uma oportunidade que pode melhorar a capacidade da organização para atingir a maturidade do BI. Isto é reiterado no relatório de Watson & Mc Given (2016), que afirma que ter uma forte governação dos dados pode ajudar a promover um alinhamento entre as tecnologias da informação, a inteligência empresarial e os objectivos empresariais. Algumas das ameaças à implementação e adoção do BI incluem infra-estruturas deficientes e resistência à mudança por parte de alguns gestores e outros funcionários.

5.3 Recomendações, limitações e perspectivas futuras

Em primeiro lugar, este estudo apoia os numerosos estudos nesta área e recomenda que a gestão das empresas deve tratar a ferramenta de Business Intelligence como uma componente essencial do processo de tomada de decisões de gestão. Em segundo lugar, o estudo também recomenda que a organização deve criar uma cultura orientada para os dados que seja totalmente inclusiva para todos os funcionários da organização. O financiamento é um fator crítico na adoção e implementação do BI. Por conseguinte, a organização deve reservar fundos para poder investir e expandir a sua capacidade de operações de Business Intelligence. Finalmente, é fundamental que cada organização elabore uma documentação detalhada do processo aprovado para fornecer orientações sobre as regras de negócio que orientam a determinação da forma como os indicadores-chave de desempenho da empresa serão avaliados.

Tal como acontece com a maioria ou todos os estudos, os resultados deste estudo devem ser interpretados de acordo com as suas limitações. A primeira das suas limitações é o facto de a dimensão da amostra do estudo ter sido retirada de uma pequena população. Embora tenha assegurado a validade das variáveis examinadas, o resultado poderia ser diferente se fosse selecionada uma amostra de populações maiores. A segunda limitação é o período de tempo disponível para realizar este estudo, que é bastante curto tendo em conta todas as variáveis que devem ser consideradas na realização deste estudo.

Em conclusão, a tecnologia de Business Intelligence será indispensável para as empresas do futuro, na medida em que permite a tomada de decisões com base em dados, aumenta a competitividade e permite que as organizações se adaptem rapidamente às condições dinâmicas do mercado, garantindo o seu sucesso a longo prazo. Espera-se que isto contribua para mais investigação centrada na utilização da inteligência empresarial e dos dados organizacionais para melhorar o valor da organização.

Referências

Adeoye-Olatunde, 0. A., & Olenik, N. L. (2021). Métodos de investigação e académicos: Entrevistas semiestruturadas. *Jornal do Colégio Americano de Farmácia Clínica,* 4(10), 1358- 1367.

Adnan, K., Akbar, R., Khor, S. W., & All, A. B. A. (2020). Papel e desafios do Big Data não estruturado na área da saúde. Em N. Sharma, A. Chakrabarti, & V. E. Balas (Eds.), *Data Management, Analytics and Innovation* (pp. 301-323). Springer Singapura.

Adomi, E. E. (2005). Mobile telephony in Nigeria (Telefonia móvel na Nigéria). *Library Hi Tech News,* 22(4), 18-21.

Akingbade, W. A., & outros. (2014). Estratégias competitivas e melhoria do desempenho de empresas de telecomunicações seleccionadas da Nigéria. *Jornal de Empreendedorismo, Gestão e Inovação, 10(4),* 143-168.

All, S. M., Gupta, N., Nayak, G. K., & Lenka, R. K. (2016). Visualização de grandes dados: Ferramentas e desafios. *2016 2nd International Conference on Contemporary Computing and Informatics (1031),* 656-660. https://doi.org/10.1109/IC3I.2016.7918044

Aziz, M. N., & Sarsam, Z. (2013). *O impacto e o poder do Business Intelligence (BI) no processo de tomada de decisão na Universidade de Uppsala: A case study.*

Azubuike, C., & Obiefuna, O. (2014). Comunicação sem fios: O Impacto do Gsm na Vida Económica dos Utilizadores Rurais Nigerianos. *Jornal de Investigação Educacional e Social,* 4(7), 79.

Bach, M. P., Celjo, A., & Zoroja, J. (2016). Modelo de aceitação de tecnologia para sistemas de business intelligence: Preliminary research. *Procedia Computer Science, 100,* 995-1001.

Bakare, B. I., Ekanem, I. A., & Allen, I. O. (2017). Avaliação do sistema global de comunicação móvel (GSM) na Nigéria. *American Journal of Engineering Research,* 6(6), 97-102.

Bazerman, M. H., & Moore, D. A. (2012). *Julgamento na tomada de decisões gerenciais.* John Wiley \& Sons.

Bernardino, J., & Tereso, M. (2013). Inteligência empresarialTools. In A. Madureira, C. Reis, &V. Marques (Eds.), *Computational Intelligence and Decision Making* (pp. 267-276). Springer Netherlands.

Bister, E. (2015). da tese A transformação do business intelligence-Uma pesquisa de estudo de caso. *Gestão de Sistemas de Informação, 32(3),* 177-191.

Blumberg, R., & Atre, S. (2003). Descoberta: The Road to Business Intelligence; Este é o quinto e último artigo de uma série que discute vários aspectos dos dados não estruturados. *Information Management, 13(6),* 50.

Bog, A., Sachs, K., & Plattner, H. (2012). Monitoramento interativo do desempenho de uma carga de trabalho composta de oltp e olap. *Anais da Conferência Internacional ACM SIGMOD 2012 sobre a gestão dos dados,* 645-648.

Chai, H. H., Gao, S. S., Chen, K. J., Duangthip, D., Lo, E. C. M., & Chu, C. H. (2021). Uma revisão concisa sobre pesquisa qualitativa em odontologia. *Revista Internacional de Pesquisa Ambiental e Saúde Pública, 18(3).* https://doi.org/10.3390/ijerph18030942

Chee, T., Chan, L.-K., Chuah, M.-H., Tan, C.-S., Wong, S.-F., Yeoh, W., & outros. (2009). Sistemas de inteligência de negócios: revisão do estado da arte e aplicações contemporâneas. *Simpósio sobre Progresso em Informação* \ <S *Tecnologia de Comunicação,* 2(4), 16-30.

Cuddley, M. O. (2016). *Introdução ao Microsoft Power BI: Dê vida aos seus dados!* Plataforma de publicação independente do CreateSpace.

Cunningham, C., Song, I.-Y., & Chen, P. P. (2004). Data warehouse design to support customer relationship management analyses. *Actas do 7º Workshop Internacional da ACM sobre Data Warehousing e OLAP,* 14-22.

Dakic, F., & Markovski, K. (2017). *Avaliação dos benefícios da utilização de business intelligence numa organização.* Tese de mestrado, Departamento de Informática, Universidade de Lund.

Dane, E., & Pratt, M. G. (2007). Exploring intuition and Its role In managerial decision making. *Academy OfManagement Review,* 32(1), 33-54.

den Hamer, P., Kuiper, A. P., & Sletsma, J. (2005). *De Organisatie van business intelligence.* Serviço académico.

El Deen, M. A., &Solayman, M. M. (2015). Maximização dos resultados do desempenho estratégico: Adoção de balanced scorecards e ferramentas de BI. *Revista Internacional de Aplicações Informáticas, 117(10).*

Enahoro, M. A., & Olawade, D. B. (2021). GSM e a economia nigeriana: The Journey from 2004 to 2019. *Int. J. Econ. Financ, 13(7),* 69.

Ezzy, D. (2013). *Qualitative analysis (Análise qualitativa).* Routledge.

Fink, L., Yogev, N., & Even, A. (2017). Business Intelligence e aprendizagem organizacional: Uma investigação empírica dos processos de criação de valor. *Information & Management, 54(1),* 38- 56. https://doi.Org/https://doi.org/10.1016/j.im.2016.03.009

Gauzelin, S., & Bentz, H. (2017). Um exame do impacto dos sistemas de inteligência empresarial na tomada de decisões e no desempenho organizacional: O caso da França. *Journal of Intelligence Studies in Business, 7(2).*

Gilboa, I. (2011). *Problemas na teoria da decisão.* Citeseer.

Gorener, A., Toker, K., & Ulucay, K. (2012). Aplicação de SWOT e AHP combinados: um estudo de caso para uma empresa de manufatura. *Procedia-Social and Behavioral Sciences, 58,*1525-1534.

Grant, R. M. (2021). *Análise de estratégia contemporânea.* John Wiley \ & Sons.

Groff, J. R., Weinberg, P. N., & Oppel, A. J. (2002). *SQL: a referência completa* (Vol. 2). McGraw-HillZOsborne.

Habul, A., & Pilav-Velic, A. (2010). Business intelligence e gestão da relação com o cliente. *Actas da ITI 2010, 32.ª Conferência Internacional sobre Interfaces de Tecnologias da Informação,* 169-174.

Hamad, F., Al-Aamr, R., Jabbar, S. A , & Fakhuri, H. (2021). Inteligência de negócios em bibliotecas acadêmicas na Jordânia: oportunidades e desafios. *IFLA Journal, 47(1),* 37-50.

Hancock, B. (1998). O foco da investigação e do desenvolvimento nos cuidados de saúde primários: An introduction to qualitative research. *Trent Focus, 27.*

Hancock, B., Ockleford, E., & Windridge, K. (2001). *Uma introdução à investigação qualitativa.* Trent focus group London.

Hasan, N. A., Miskon, S., Ahmad, N., All, N. M., Hashim, H., Syed, N., Abdullah, R. A. A., & Maarof, M. A. (2016). Business intelligence readiness factors for higher education institution (Factores de preparação para a inteligência empresarial em instituições de ensino superior). *Journal of Theoretical and Applied Information Technology,* 89(1), 174.

Hasan, N. A., Rahman, A. A., & Lahad, N. A. (2016). Issues and challenges In business intelligence case studies. *Jurnal Teknologi, 78(8-2),* 171-178.

Hastie, R., & Dawes, R. M. (2010). *Capítulo 3. Rational choice in an uncertain world: the psychology Ofjudgment and decision making.* Sage, Los Angeles.

Herschel, R., & Yermish, I. (2009). Gestão do conhecimento em inteligência empresarial. *Knowledge Management and Organizational Learning,* 131-143.

Hicks, M. J. (2004). Resolução de problemas e tomada de decisões: abordagens duras, suaves e criativas. *(Sem título).*

Hocevar, B., & Jaklic, J. (2010). Avaliação dos benefícios dos sistemas de business intelligence - um estudo de caso. *Management: Journal of Contemporary Management Issues, 15(1),* 87-119.

Hodgkinson, G. P., & Starbuck, W. H. (2008). *Tomada de decisão organizacional: Mapping terrains on different planets.*

Inmon, B., & Krishnan, K. (2011). *Construindo o Data Warehouse não estruturado: Architecture, Analysis, and Design.* Publicações técnicas.

Intelligence, B. (2007). Business Intelligence. *Inteligência competitiva e conhecimento.*

Ishaya, T., & Folarin, M. (2012). Uma abordagem orientada a serviços para Business Intelligence na indústria de telecomunicações. *Telemática e Informática,* 29(3), 273-285.
https://doi.Org/https://doi.org/10.1016/j.tele.2012.01.004

Isik, O., Jones, M. C., & Sidorova, A. (2012). SUCESSO DA INTELIGÊNCIA EMPRESARIAL (BI) E O PAPEL DAS CAPACIDADES BI. *Sistemas Inteligentes em Contabilidade, Finanças e Gestão,* 4(18), 161-176.

Johnstone, D., & Wong, C. Y. (2008). Auditoria de faturação num registo de detalhes de chamadas de um operador móvel. *Information Systems Control Journal, 3,1-4.*

Kabakchieva, D. (2009). *Business Intelligence Applications and Data Mining Methods in Telecommunications: A Literature Review.*

Kepner, C. H., & Tregoe, B. B. (2005). The new rational manager (rev. ed.). *Nova Iorque, NY: Kepner-Tregoe.*

Khan, M. T. (2013). Lealdade dos clientes: Concept \& definition (a review). *Revista Internacional de Informação, Negócios e Gestão,* 5(3), 168-191.

Khan, R. A., & Quadri, S. M. K. (2012). Business Intelligence: uma abordagem integrada. *Business Intelligence Journal,* 5(1), 64-70.

Klein, G. A., Orasanu, J., Calderwood, R., Zsambok, C. E., & outros. (1993). *Decision making in action: Models and methods* (Vol. 3). Ablex Norwood, NJ.

Kogut, B., & Kulatilaka, N. (1994). Operating flexibility, global manufacturing, and the option value of a multinational network. *Management Science, 40(1),* 123-139.

Kopceková, A., Kopcek, M., & Tanuska, P. (2013). Inteligência empresarial no controlo de processos. *Vedecke Prace Materialovotechnologickej Fakulty Slovenskej Technickej Univerzity v Bratislave so S{V\ i}dlom v Trnave,* 27(33), 43.

Kumar, K. (1989). *Conducting key informant interviews in developing countries.* Agência para o Desenvolvimento Internacional Washington DC.

Lang, A., Mera Ortiz, M., & Abraham, S. (2009). Melhorar a inteligência empresarial com dados não estruturados. *Sistemas de bancos de dados em negócios, tecnologia e web (BTW) - 13. Fachtagung Des GI-Fachbereichs" Datenbanken Und Informationssysteme[11] (DBIS).*

Langley, A., Mintzberg, H., Pitcher, P., Posada, E., & Saint-Macary, J. (1995). Opening up decision making: The view from the black stool. *Organization Science,* 6(3), 260-279.

Lokken, B. (2001). Business Intelligence: Um movimento inteligente ou não. *Livro Branco. ProClarity Corporation.*

Lunenburg, F. C. (2010). O processo de tomada de decisão. *Fórum Nacional de Administração da Educação \& Revista Supervisão,* 27(4).

M. Rezaul Islam, Niaz Ahmed Khan, R. B. (Ed.). (2022). *Principles of Social Research Methodology* (1ª ed.). Springer Singapura, https://d0i.0rg/https://d0i.0rg/l 0.1007/978- 981-19-5441-2

Maaitah, T. (2023). O papel das ferramentas de Business Intelligence no processo de tomada de decisão e no desempenho. *Journal of Intelligence Studies in Business, 13(1),* 43-52.

Mendel, J., & Wu, D. (2010). *Computação percetual: ajudando as pessoas a fazer julgamentos subjetivos.* John Wiley \& Sons.

Mintzberg, H., Raisinghani, D., &Theoret, A. (1976). The structure of" unstructured" decision processes. *Administrative Science Quarterly,* 246-275.

Myers, D. G., & Myers, D. G. (2002). *Intuição: Its powers and perils.* Yale University Press.

Myers, M. D., & Newman, M. (2007). A entrevista qualitativa na investigação em SI: Examining the craft. *Information and Organization,* 77(1), 2-26.

https://doi.Org/https://doi.org/10.1016/j.infoandorg.2006.11.001

Negash, S. (2004). Business intelligence. *Comunicações da Associação para Sistemas de Informação, 13(Λ),* 15.

Negro, A. R., & Mesia, R. (2020). A Inteligência Empresarial e sua Influência na Tomada de Decisão. *Journal OfApplied Business \ <& Economics,* 22(2).

Obayeml, O. K. (2014). Concorrência na indústria nigeriana de telecomunicações. *Beijing L Rev., 5,* 283.

Olszak, C. M. (2022). Sistemas de Business Intelligence para o Desenvolvimento Inovador das Organizações. *Procedia Computer Science, 207,* 1754-1762. https://doi.Org/https://doi.org/10.1016/j.procs.2022.09.233

Owusu, A. (2017). Sistemas de Business Intelligence e desempenho bancário no Gana: A abordagem do balanced scorecard. *Cogent Business \ <& Management,* 4(1), 1364056. https://doi.Org/10.1080/23311975.2017.1364056

Pareek, D. (2006). *Business Intelligence for telecommunications.* CRC Press.

Petrini, M., & Pozzebon, M. (2009). Gerenciando a sustentabilidade com o apoio da inteligência empresarial: Integrando indicadores socioambientais e contexto organizacional. *The Journal of Strategic Information Systems,* 78(4), 178-191.

Pieterse, J. L. (2012). Uma abordagem melhorada para os painéis de Business Intelligence através de relatórios automatizados. *Computadores e Engenharia Industrial, 42.*

Pirttimãki, V. (2007). *Business intelligence como ferramenta de gestão em grandes empresas finlandesas.*

Qushem, U. Bln, Zekl, A. M., Abubakar, A., & Akleylek, S. (2017). A tendência de adoção e maturidade da inteligência empresarial. *Conferência Internacional de 2017 sobre Ciência e Engenharia da Computação (UBMK),* 532-537.

Ramakrlshnan, T., Jones, M. C., & Sidorova, A. (2012). Factores que influenciam as estratégias de recolha de dados de Business Intelligence (BI): An empirical Investigation. *Decision Support Systems,* 52(2), 486-496. https://doi.Org/https://doi.org/10.1016/j.dss.2011.10.009

Ratia, M., Myllarniemi, J., & Helander, N. (2017). Benefícios e capacidades necessárias das ferramentas BI nos cuidados de saúde privados. *Actas da 21.ª Conferência Internacional Académica Mindtrek,* 103-109.

Reddy, G. S., Srinivasu, R., Rao, M. P. C., & Rikkula, S. R. (2010). Data Warehousing,

Data Mining, OLAP and OLTP Technologies are essential elements to support decision-making process in industries. *Revista Internacional de Informática e Engenharia,* 2(9), 2865-2873.

Rostami, N. A. (2014). Integração de Business Intelligence e Gestão do Conhecimento - Uma revisão da literatura. *Journal of Intelligence Studies in Business, 4(2).*

Rowe, A. J., Boulgarldes, J. D., & McGrath, M. R. (1984). *Managerial decision making.* Citeseer.

Saqib, M., Toobi, S. Al, Nadhlrl, F. Al, & Younus, F. (2018). Integração de práticas de gestão do conhecimento e inteligência de negócios para melhorar o desempenho organizacional. *Conferência Internacional Majan 2018 (MIC),* 1-10. https://doi.org/10.1109/MINTC.2018.8363154

Sepahvand, R., Nazarpoori, A. H., & Veisi, M. (2016). O efeito da Inteligência competitiva no desempenho organizacional através da orientação (estudo de caso: companhias de seguros Sanandaj). *International Business Management, 10(7),* 1280-1283.

Sherlf, A. (2016). *Inteligência empresarial prática.* Packt Publishing Ltd.

Shollo, A. (2013). *The Role of Business Intelligence in Organizational Decision-making* (Issue 10.2013) [Copenhagen Business School (CBS)], http://hdl.handle.net/10419/208846

Shollo, A., & Kautz, K. (2010). *Towards an understanding Ofbusiness intelligence.*

Simon, H. A. (1977). *The New Science OfManagement Decision.* Prentice Hall PTR.

Tavera Romero, C. A., Ortiz, J. H., Khalaf, O. I., & R\· \ios Prado, A. (2021). Business intelligence: evolução dos negócios após a indústria 4.0. *Sustentabilidade, 13(18),* 10026.

Tebepah, E. (2015). O custo da evolução das telecomunicações na Nigéria. *Jornal de Tecnologias e Políticas Energéticas,* 5(10), 17-26.

Teoli, D., Sanvictores, T., & An, J. (2019). *Análise SWOT.*

Thompson, O. (2004). Sucesso do Business Intelligence. *Lições aprendidas.*

Vercellis, C. (2009). *Business Intelligence: Data Mining and Optimization for Decision Making.* Editora Wiley.

Walliman, N. (2011). *O seu projeto de investigação: Designing and planning your work.* Sage Publications.

Watson, H. J., & McGlvern, M. (2016). Começar a utilizar a governação de dados orientada para a empresa. *Business Intelligence Journal, 21(1), 4-7.*

Webb, C., & Limited, C. C. (2014). *Introdução ao Power Query* (pp. 1-15). Apress L. P. https://doi.Org/10.1007/978-1 -4302-6692-1 _1

Wu, L., Barash, G., & Bartolini, C. (2007). Uma arquitetura orientada para serviços para Business Intelligence. *Conferência Internacional do IEEE sobre Computação e Aplicações Orientadas a Serviços (SOCA' 07),* 279-285.

Yermish, I., Miori, V., Yi, J., Malhotra, R., & Klimberg, R. (2010). Negócio mais inteligência mais tecnologia é igual a inteligência empresarial. *International Journal of Business Intelligence Research (IJBIR), 1(1),* 48-63.

Yoon, T. E., Ghosh, B., & Jeong, B.-K. (2014). Aceitação pelo utilizador da aplicação de Business Intelligence (BI): Technology, Individual Difference, Social Influence, and Situatlonal Constraints (Tecnologia, Diferença Individual, Influência Social e Restrições Situacionais). *2014 47th Hawaii International Conference on System Sciences,* 3758-3766. https://doi.Org/10.1109/HICSS.2014.467

Yullanl, E. N. S., Subawanto, H., & Oktavlanl, A. (2017). Implementação do painel de inteligência de negócios em uma agência de viagens em Jacarta. *Revista Internacional de Pesquisa e Ciência em Engenharia Avançada,* 4(6), 237196.

Adeoye-Olatunde, O. A., & Olenlk, N. L. (2021). Métodos de investigação e académicos: Entrevistas semiestruturadas. *Jornal do Colégio Americano de Farmácia Clínica,* 4(10), 1358- 1367.

Adnan, K., Akbar, R., Khor, S. W., & All, A. B. A. (2020). Papel e desafios do Big Data não estruturado na área da saúde. Em N. Sharma, A. Chakrabarti, & V. E. Balas (Eds.), Dafa *Management, Analytics and Innovation* (pp. 301-323). Springer Singapura.

Adomi, E. E. (2005). Mobile telephony in Nigeria (Telefonia móvel na Nigéria). *Library Hi Tech News,* 22(4), 18-21.

Akingbade, W. A., & outros. (2014). Estratégias competitivas e melhoria do desempenho de empresas de telecomunicações seleccionadas da Nigéria. *Jornal de Empreendedorismo, Gestão e Inovação, 10(4),* 143-168.

All, S. M., Gupta, N., Nayak, G. K., & Lenka, R. K. (2016). Visualização de grandes dados: Ferramentas e desafios. *2016 2nd International Conference on Contemporary Computing and Informatics (1031),* 656-660. https://dol.org/10.1109/IC3I.2016.7918044

Aziz, M. N., & Sarsam, Z. (2013). *O impacto e o poder do Business Intelligence (BI) no processo de tomada de decisão na Universidade de Uppsala: A case study.*

Azubuike, C., & Obiefuna, O. (2014). Comunicação sem fios: O Impacto do Gsm na Vida Económica dos Utilizadores Rurais Nigerianos. *Jornal de Investigação Educacional e Social, 4(7),* 79.

Bach, M. P., Celjo, A., & Zoroja, J. (2016). Modelo de aceitação de tecnologia para sistemas de business intelligence: Preliminary research. *Procedia Computer Science, 100,* 995-1001.

Bakare, B. I., Ekanem, I. A., & Allen, I. O. (2017). Avaliação do sistema global de comunicação móvel (GSM) na Nigéria. *American Journal of Engineering Research, 6(6),* 97-102.

Bazerman, M. H., & Moore, D. A. (2012). *Julgamento na tomada de decisões gerenciais.* John Wiley \& Sons.

Bernardino, J., & Tereso, M. (2013). Inteligência empresarialTools. In A. Madureira, C. Reis, &V. Marques (Eds.), *Computational Intelligence and Decision Making* (pp. 267-276). Springer Netherlands.

Bistor, E. (2015). da tese A transformação do Business Intelligence - Um estudo de caso. *Gestão de Sistemas de Informação,* 32(3), 177-191.

Blumberg, R., & Atre, S. (2003). Descoberta: The Road to Business Intelligence; Este é o quinto e último artigo de uma série que discute vários aspectos dos dados não estruturados. *Information Management, 13(6),* 50.

Bog, A., Sachs, K., & Plattner, H. (2012). Monitorização interactiva do desempenho de uma carga de trabalho composta de oltp e olap. *Actas da Conferência Internacional ACM SIGMOD 2012 sobre Gestão de Dados,* 645-648.

Chai, H. H., Gao, S. S., Chen, K. J., Duangthip, D., Lo, E. C. M., & Chu, C. H. (2021). Uma revisão concisa sobre pesquisa qualitativa em odontologia. *Revista Internacional de Pesquisa Ambiental e Saúde Pública, 18(3).* https://doi.org/10.3390/ijerph18030942

Chee, T., Chan, L-K., Chuah, M.-H., Tan, C.-S., Wong, S.-F., Yeoh, W., & outros. (2009). Sistemas de inteligência de negócios: revisão do estado da arte e aplicações contemporâneas. *Simpósio sobre Progresso em Tecnologia da Informação e Comunicação, 2(A),* 16-30.

Cuddley, M. O. (2016). *Introdução ao Microsoft Power BI: Dê vida aos seus dados!* Plataforma de publicação independente do CreateSpace.

Cunningham, C., Song, I.-Y., & Chen, P. P. (2004). Data warehouse design to support customer relationship management analyses. *Actas do 7º Workshop Internacional da ACM sobre Data Warehousing e OLAP,* 14-22.

Dakic, F., & Markovski, K. (2017). *Avaliar os benefícios da utilização de business intelligence numa organização.* Tese de mestrado, Departamento de Informática, Universidade de Lund.

Dane, E., & Pratt, M. G. (2007). Explorando a intuição e seu papel na tomada de decisões gerenciais. *Academy OfManagement Review,* 32(1), 33-54.

den Hamer, P., Kuiper, A. P., & Sietsma, J. (2005). *De Organisatie van business intelligence.* Serviço Académico.

El Deen, M. A., &Solayman, M. M. (2015). Maximização dos resultados do desempenho estratégico: Adoção de balanced scorecards e ferramentas de BI. *Revista Internacional de Aplicações Informáticas, 117(10).*

Enahoro, M. A., & Olawade, D. B. (2021). GSM e a economia nigeriana: The Journey from 2004 to 2019. *Int. J. Econ. Financ, 13(7),* 69.

Ezzy, D. (2013). *Qualitative analysis (Análise qualitativa).* Routledge.

Fink, L., Yogev, N., & Even, A. (2017). Inteligência de negócios e aprendizagem organizacional: An empirical Investigation of value creation processes. *Information & Management, 54(1),* 38- 56. https://dol.Org/https://dol.org/10.1016/j.lm.2016.03.009

Gauzelln, S., & Bentz, H. (2017). Um exame do impacto dos sistemas de Business Intelligence na tomada de decisões e no desempenho organizacional: O caso da França. *Journal of Intelligence Studies in Business, 7(2).*

Gilboa, I. (2011). *Problemas na teoria da decisão.* Citeseer.

Gorener, A., Toker, K., & Ulucay, K. (2012). Aplicação de SWOT e AHP combinados: um estudo de caso para uma empresa de manufatura. *Procedia-Social and Behavioral Sciences, 58,*1525-1534.

Grant, R. M. (2021). *Análise de estratégia contemporânea.* John Wlley \ & Sons.

Groff, J. R., Welnberg, P. N., & Oppel, A. J. (2002). *SQL: a referência completa* (Vol. 2). McGraw-HIIIZOsborne.

Habul, A., & Pllav-Vellc, A. (2010). Business Intelligence e gestão da relação com o cliente. *Actas da ITI 2010, 32.ª Conferência Internacional sobre Interfaces de Tecnologias da Informação,* 169-174.

Hamad, F., Al-Aamr, R., Jabbar, S. A., & Fakhuh, H. (2021). Business Intelligence em bibliotecas acadêmicas na Jordânia: oportunidades e desafios. *IFLA Journal, 47(1),* 37-50.

Hancock, B. (1998). O foco da investigação e do desenvolvimento nos cuidados de saúde primários: An introduction to qualitative research. *Trent Focus, 27.*

Hancock, B., Ockleford, E., & Wlndrldge, K. (2001). *Uma introdução à investigação qualitativa.* Trent focus group London.

Hasan, N. A., Miskon, S., Ahmad, N., All, N. M., Hashim, H., Syed, N., Abdullah, R. A. A., & Maarof, M. A. (2016). Business Intelligence readiness factors for higher education institution (Factores de preparação para Business Intelligence em instituições de ensino superior). *Journal of Theoretical and Applied Information Technology,* 89(1), 174.

Hasan, N. A., Rahman, A. A., & Lahad, N. A. (2016). Issues and challenges In business Intelligence case studies. *Jurnal Teknologi,* 78(8-2), 171-178.

Hastie, R., & Dawes, R. M. (2010). *Capítulo 3. Rational choice in an uncertain world: the psychology Ofjudgment and decision making.* Sage, Los Angeles.

Herschel, R., & Yermish, I. (2009). Gestão do conhecimento em inteligência empresarial. *Knowledge Management and Organizational Learning,* 131-143.

Hicks, M. J. (2004). Resolução de problemas e tomada de decisões: abordagens duras, suaves e criativas. *(Sem título).*

Hocevar, B., & Jaklic, J. (2010). Avaliação dos benefícios dos sistemas de business intelligence - um estudo de caso. *Management: Journal of Contemporary Management Issues, 15(1),* 87-119.

Hodgkinson, G. P., & Starbuck, W. H. (2008). *Tomada de decisão organizacional: Mapping terrains on different planets.*

Inmon, B., & Krlshnan, K. (2011). *Construindo o Data Warehouse não estruturado: Architecture, Analysis, and Design.* Publicações técnicas.

Intelligence, B. (2007). Business Intelligence. *Inteligência competitiva e conhecimento.*

Ishaya, T., & Folarin, M. (2012). Uma abordagem orientada para os serviços de Business Intelligence na indústria das telecomunicações. *Telemática e Informática,* 29(3), 273-285. https://doi.Org/https://doi.org/10.1016/j.tele.2012.01.004

Isik, O., Jones, M. C., & Sidorova, A. (2012). O SUCESSO DA INTELIGÊNCIA EMPRESARIAL (BI) E O PAPEL DAS CAPACIDADES DE BI. *Sistemas*

Inteligentes em Contabilidade, Finanças e Gestão, 4(18), 161 -176.

Johnstone, D., & Wong, C. Y. (2008). Auditoria de faturação num registo de detalhes de chamadas de um operador móvel. *Information Systems Control Journal, 3,*1-4.

Kabakchieva, D. (2009). *Business Intelligence Applications and Data Mining Methods in Telecommunications: A Literature Review.*

Kepner, C. H., & Tregoe, B. B. (2005). The new rational manager (rev. ed.). *Nova Iorque, NY: Kepner-Tregoe.*

Khan, M. T. (2013). Lealdade dos clientes: Concept \& definition (a review). *Revista Internacional de Informação, Negócios e Gestão,* 5(3), 168-191.

Khan, R. A., & Quadri, S. M. K. (2012). Business intelligence: uma abordagem integrada. *Business Intelligence Journal,* 5(1), 64-70.

Klein, G. A., Orasanu, J., Calderwood, R., Zsambok, C. E., & outros. (1993). *Decision making in action: Models and methods* (Vol. 3). Ablex Norwood, NJ.

Kogut, B., & Kulatilaka, N. (1994). Operating flexibility, global manufacturing, and the option value of a multinational network. *Management Science, 40(1),* 123-139.

Kopceková, A., Kopcek, M., & Tanuska, P. (2013). Inteligência empresarial no controlo de processos. *Vedecke Prace Materialovotechnologickej Fakulty Slovenskej Technickej Univerzity v Bratislave so S{\f \i}dlom v Trnave,* 27(33), 43.

Kumar, K. (1989). *Conducting key informant interviews in developing countries.* Agência para o Desenvolvimento Internacional Washington DC.

Lang, A., Mera Ortiz, M., & Abraham, S. (2009). Melhorar a inteligência empresarial com dados não estruturados. *Sistemas de bancos de dados em negócios, tecnologia e web (BTW) - 13. Fachtagung Des GI-Fachbereichs" Datenbanken Und Informationssysteme*[11] *(DBIS).*

Langley, A., Mintzberg, H., Pitcher, P., Posada, E., & Saint-Macary, J. (1995). Opening up decision making: The view from the black stool. *Organization Science,* 6(3), 260-279.

Lokken, B. (2001). Business Intelligence: Um movimento inteligente ou não. *Livro Branco. ProClarity Corporation.*

Lunenburg, F. C. (2010). O processo de tomada de decisão. *Fórum Nacional de Administração da Educação \& Revista Supervisão, 27(4).*

M. Rezaul Islam, Niaz Ahmed Khan, R. B. (Ed.). (2022). *Principles of Social Research*

Methodology (1ª ed.). Springer Singapura. https://doi.Org/https://doi.org/10.1007/978- 981-19-5441-2

Maaitah, T. (2023). O papel das ferramentas de Business Intelligence no processo de tomada de decisão e no desempenho. *Journal of Intelligence Studies in Business, 13(A),* 43-52.

Mendel, J., & Wu, D. (2010). *Computação percetual: ajudando as pessoas a fazer julgamentos subjetivos.* John Wiley \& Sons.

Mintzberg, H., Ralslnghani, D., & Theoret, A. (1976). The structure of" unstructured" decision processes. *Administrative Science Quarterly,* 246-275.

Myers, D. G., & Myers, D. G. (2002). *Intuição: Its powers and perils.* Yale University Press.

Myers, M. D., & Newman, M. (2007). A entrevista qualitativa na investigação em SI: Examining the craft. *Information and Organization,* 77(1), 2-26. https://dol.Org/https://dol.org/10.1016/j.lnfoandorg.2006.11.001

Negash, S. (2004). Business intelligence. *Communications of the Association for Information Systems, 13(A),* 15.

Negro, A. R., & Mesla, R. (2020). A Inteligência Empresarial e sua Influência na Tomada de Decisão. *Journal OfApplied Business \& Economics, 22(2).*

Obayemi, O. K. (2014). Competition in the Nigerian telecommunications industry (Concorrência no sector nigeriano das telecomunicações). *Beijing L Bev., 5,* 283.

Olszak, C. M. (2022). Sistemas de Business Intelligence para o Desenvolvimento Inovador das Organizações. *Procedia Computer Science, 207,* 1754-1762. https://doi.Org/https://doi.org/10.1016/j.procs.2022.09.233

Owusu, A. (2017). Sistemas de inteligência de negócios e desempenho bancário no Gana: A abordagem do balanced scorecard. *Cogent Business \ <& Management, 4(A),* 1364056. https://doi.Org/10.1080/23311975.2017.1364056

Pareek, D. (2006). *Business Intelligence for telecommunications.* CRC Press.

Petrini, M., & Pozzebon, M. (2009). Gerenciando a sustentabilidade com o apoio da inteligência empresarial: Integrando indicadores socioambientais e contexto organizacional. *The Journal of Strategic Information Systems, 18(4),* 178-191.

Pieterse, J. L. (2012). Uma abordagem melhorada para os painéis de Business Intelligence através de relatórios automatizados. *Computadores e Engenharia*

Industrial, 42.

Pirttimaki, V. (2007). *Business intelligence como ferramenta de gestão em grandes empresas finlandesas.*

Qushem, U. Bin, Zeki, A. M., Abubakar, A., & Akleylek, S. (2017). A tendência de adoção e maturidade da inteligência empresarial. *Conferência Internacional de 2017 sobre Ciência e Engenharia da Computação (UBMK),* 532-537.

Ramakrishnan, T., Jones, M. C., & Sidorova, A. (2012). Factores que influenciam as estratégias de recolha de dados de business intelligence (BI): An empirical investigation. *Decision Support Systems, 52(2),* 486-496. https://doi.Org/https://doi.org/10.1016/j.dss.2011.10.009

Ratia, M., Myllarniemi, J., & Helander, N. (2017). Benefícios e capacidades necessárias das ferramentas BI nos cuidados de saúde privados. *Actas da 21.ª Conferência Internacional Académica Mindtrek,* 103-109.

Reddy, G. S., Srlnlvasu, R., Rao, M. P. C., & Rlkkula, S. R. (2010). Data Warehousing, Data Mining, OLAP and OLTP Technologies are essential elements to support decision-making process In industries. *International Journal on Computer Science and Engineering,* 2(9), 2865-2873.

Rostaml, N. A. (2014). Integração de Business Intelligence e Gestão do Conhecimento - Uma revisão da literatura. *Revista de Estudos de Inteligência em Negócios, 4(2).*

Rowe, A. J., Boulgarides, J. D., & McGrath, M. R. (1984). *Managerial decision making.* Citeseer.

Saqlb, M., Toobl, S. Al, Nadhiri, F. Al, & Younus, F. (2018). Integrando práticas de gestão do conhecimento e inteligência de negócios para melhorar o desempenho organizacional. *Conferência Internacional Majan 2018 (MIC),* 1-10. https://doi.org/10.1109/MINTC.2018.8363154

Sepahvand, R., Nazarpoori, A. H., & Veisi, M. (2016). O efeito da inteligência competitiva no desempenho organizacional através da orientação (estudo de caso: companhias de seguros Sanandaj). *International Business Management, 10<J),* 1280-1283.

Sherlf, A. (2016). *Inteligência empresarial prática.* Packt Publishing Ltd.

Shollo, A. (2013). *The Role of Business Intelligence in Organizational Decision-making* (Issue 10.2013) [Copenhagen Business School (CBS)], http://hdl.handle.net/10419/208846

Shollo, A., & Kautz, K. (2010). *Towards an understanding Ofbusiness intelligence.*

Simon, H. A. (1977). *The New Science OfManagement Decision.* Prentice Hall PTR.

Tavera Romero, C. A., Ortiz, J. H., Khalaf, O. I., & R\· \ios Prado, A. (2021). Business intelligence: evolução dos negócios após a indústria 4.0. *Sustentabilidade,* 73(18), 10026.

Tebepah, E. (2015). O custo da evolução das telecomunicações na Nigéria. *Jornal de Tecnologias e Políticas Energéticas,* 5(10), 17-26.

Teoli, D., Sanvictores, T., & An, J. (2019). *Análise SWOT.*

Thompson, O. (2004). Sucesso do Business Intelligence. *Lições aprendidas.*

Vercellis, C. (2009). *Business Intelligence: Data Mining and Optimization for Decision Making.* Editora Wiley.

Walliman, N. (2011). *O seu projeto de investigação: Designing and planning your work.* Sage Publications.

Watson, H. J., & McGIvern, M. (2016). Começar a utilizar a governação de dados orientada para a empresa. *Business Intelligence Journal, 21(1),* 4-7.

Webb, C., & Limited, C. C. (2014). *Introdução ao Power Query* (pp. 1-15). Apress L. P. https://doi.Org/10.1007/978-1 -4302-6692-1 _1

Wu, L., Barash, G., & Bartolinl, C. (2007). Uma arquitetura orientada para os serviços para a inteligência empresarial. *Conferência Internacional do IEEE sobre Computação e Aplicações Orientadas a Serviços (SOCA' 07),* 279-285.

Yermish, I., Miori, V., Yi, J., Malhotra, R., & Klimberg, R. (2010). Negócio mais inteligência mais tecnologia é igual a inteligência empresarial. *International Journal of Business Intelligence Research (IJBIR),* 7(1), 48-63.

Yoon, T. E., Ghosh, B., & Jeong, B.-K. (2014). Aceitação pelo utilizador da aplicação de Business Intelligence (BI): Technology, Individual Difference, Social Influence, and Sltuatlonal Constraints. *2014 47th Hawaii International Conference on System Sciences,* 3758-3766. https://doi.Org/10.1109/HICSS.2014.467

Yulianl, E. N. S., Subawanto, H., & Oktavlanl, A. (2017). Implementação do Painel de Inteligência Empresarial numa Agência de Viagens em Jacarta. *Jornal Internacional de Pesquisa e Ciência em Engenharia Avançada,* 4(6), 237196.

Apêndices 1: Guia de entrevista

Introdução -

Olá, o meu nome é Victor Arowolo. Estou a fazer um mestrado em Business Analytics. Atualmente, estou a trabalhar na minha dissertação e o meu estudo de investigação visa avaliar o impacto do BI na tomada de decisões de gestão na indústria nigeriana de telecomunicações.

Todas as respostas serão mantidas de forma segura e confidencial e o utilizador será sempre anónimo.

1) Qual é a sua cobertura de subscrição ativa.
2) Em que tipo de serviços de telecomunicações se centram?
3) Quem são os seus principais clientes?
4) Quais são os vossos principais produtos?
5) Qual é a motivação para prestar o seu serviço aos clientes?
6) Tem conhecimento do BI? Sim/Não/Mais
7) O que é que entende por BI?
8) Utiliza BI? Sim/Não... Quais são os benefícios?
9) Enumere os tipos de ferramentas de BI que conhece?
10) Quais destas ferramentas aplica na sua organização?
11) Quais são os indicadores de desempenho na sua organização?
12) Como é que utiliza o BI para melhorar estes indicadores de desempenho?
13) Há quanto tempo utiliza ferramentas de BI para melhorar o desempenho da empresa?
14) O desempenho da sua empresa melhorou desde que começou a utilizar o BI? indicar percentagens
15) Quais são os desafios que enfrenta quando utiliza ferramentas de BI? Dê exemplos de desafios organizacionais, técnicos e culturais
16) Quais são, na sua opinião, os cinco principais obstáculos à plena implementação do BI na sua empresa e noutras?
17) O que pensa que pode ser feito para atenuar estes obstáculos?
18) Quais são os factores-chave que, na sua opinião, conduzirão ao sucesso ou à força do BI nas telecomunicações?
19) De que apoio ou recurso necessita para fazer avançar a sua utilização do BI.

Apêndices 2: Formulário de consentimento

ROBERT GORDON UNIVERSITY ABERDEEN

Research topic : "The Influence of Business intelligence system on management decision making in Nigeria telecommunication sector."

Research supervisor: Emma Park

1. I have asked any questions I have about the research project and know what is involved . I understand and I agree to take part.
2. I understand that my responses will remain anonymous and all information given will be held confidentially and securely.
3. I understand that I have the right to withdraw from the study at any time and can contact the researcher to withdraw my responses at a later date.
4. I understand my responses to the research topic will be recorded.
5. I understand that digital recordings, transcripts, and notes will be securely stored and used by the researcher.
6. I understand anonymous information and responses gathered within the study may be published and findings may be used by others.
7. I understand I can contact the researcher, or the research supervisor should I wish to gain further information or wish to raise an issue.

--- ------------------------

Name of participant Signed Date

-- --------------------------------- ------------------------

Name of participant Signed Date

Contact details:

Researcher : Victor Arowolo v.arowolo@rgu.ac.uk

Research supervisor : Emma Park e.park3@rgu.ac.uk

MIX
Papier aus verantwortungsvollen Quellen
Paper from responsible sources
FSC® C105338

Printed by Books on Demand GmbH, Norderstedt / Germany